Angela Winkler

Mein blaues Zimmer

Angela Winkler

Mein blaues Zimmer

Autobiographische Skizzen

Mit Brigitte Landes

Kiepenheuer & Witsch

Für
Wigand, Luca, Tammo,
Nele und Lasse

Ich habe immer Sehnsucht nach einem blauen Zimmer.
Aber ich habe ein ganzes Dorf.

In Berlin lebe ich, wenn ich arbeite, aber ich bin kein Stadtmensch. Seit ich Kinder habe, haben wir immer auf dem Land gelebt. In Italien in Ligurien, in Eckwarden am Jadebusen, auf Krautsand an der Elbe, in Frankreich in der Auvergne und jetzt in der Bretagne. Mein ältester Sohn Luca kam in Italien in San Remo zur Welt, Tammo, das einzige der Kinder, das in Deutschland geboren wurde, in Varel in Friesland, Nele in Spanien in Almeria und Lasse in Paris. Alle sieben Jahre sind wir umgezogen, haben zusammen alte, verfallene Häuser aufgebaut, und kaum waren sie fertig, sind wir weitergezogen. Wigand, mein Mann, ist Bildhauer.

Ich brauche den frischen Wind, um im Theater zu arbeiten.

Das Theater nehme ich so ernst wie mein Leben. Ich habe mir immer die Freiheit genommen, mir meine Zeit zu lassen. Meine Rollen im Theater habe ich mir nie gesucht, sie sind zu mir gekommen. Und immer zu einer Zeit, in der sie mit meinem Leben zu tun hatten. Die Entscheidung, Theater zu spielen, fällt mir nie leicht. Mir ist Theater zu wichtig, und vielleicht bin ich gar keine richtige Schauspielerin.

Die frühen Filme, »Jagdszenen aus Niederbayern«, »Die verlorene Ehre der Katharina Blum« und »Die Blechtrommel«, haben mich zwar bekannt gemacht, aber ich nehme Filme nicht so ernst wie Theater. Im Film dreht man eine Szene und sie ist im Kasten. Der Film entsteht irgendwann doch ohne dich. Als ich die Kinder hatte, war ich immer froh, wenn es vorbei war. Die letzte Klappe – und sofort fuhr ich zurück zur Familie. Zu den Kindern. Und zu Wigand, auch wenn er oft gar nicht da war, sondern irgendwo in einem Steinbruch oder beim Aufbauen eines unserer Häuser. Das Leben ist mir einfach wichtiger. Das ist mein Theater. Ich könnte es im Leben nicht aushalten mit jemandem, der auch am Theater arbeitet. Wigand hat sein Handwerk und ich habe meins. Es braucht doch jeder seine eigene, andere Welt.

Baustellen

Wir wohnten in Berlin lange am Schiffbauerdamm in einer sehr großen Wohnung, die Wigand restauriert und ausgebaut hatte. Das Berliner Ensemble, an dem ich inzwischen oft arbeitete, war um die Ecke, der Bahnhof Friedrichstraße gegenüber und dazwischen die Spree. Nele war Schauspielerin am RambaZamba Theater und konnte allein in die Straßenbahn steigen und zu ihren Proben fahren. Wigand baute in der Bretagne an unserem »Dorf«, dem »Haus am Meer«.

Nach fünfzehn Jahren gaben wir die Wohnung auf und zogen nach Neukölln. Die Jungen waren ausgezogen, und Nele wollte wie ihre großen Brüder in einer Wohngemeinschaft leben. Nele, die immer mit uns war. Das war schwer für mich. Ich lebte wieder in Kisten und Kartons. Baustelle in der Bretagne, Baustelle in Berlin.

Nach den Vorstellungen am Berliner Ensemble oder an der Schaubühne fuhr ich mit der U8 bis zur Endstation Hermannstraße nach Hause.

Zwei Jahre wurde an dem Haus gebaut. Der Staub

rieselte durch sämtliche Ritzen. Dann sah ich auf einmal nichts mehr. Ich hatte auf beiden Augen den grauen Star. Die Sterne am Himmel in der Bretagne sah ich doppelt und dreifach, und die Zeichen auf dem Boden von Bob Wilsons »Dreigroschenoper«-Bühne sah ich überhaupt nicht mehr. Dann knallte ich während eines Gastspiels mit dem Berliner Ensemble in Leipzig im Schwimmbad des Hotels auf den Hinterkopf und wachte in einer Klinik auf. Ich hatte eine schwere Gehirnerschütterung.

Zum ersten Mal fühlte ich mich alt.

Ich ließ mich untersuchen, ging zum Arzt, zu Ärzten. Bekam Tabletten verschrieben, man sagte etwas von Depression.

Es waren zwei schlimme Jahre.

Ich war siebzig geworden. Nele war ausgezogen. Klaus Michael Grüber war tot. Peter Zadek war gestorben, und ich war an diesem Hundekackeort. Die Angebote, die ich für Theater und Film bekam, gefielen mir nicht. Ich sagte ab. Ich war nicht ich. Und doch, dachte ich, ich bin Angela, ich habe doch Hamlet gespielt und muss jetzt mit den Besoffenen nach Neukölln in den Dreck fahren.

Ich fuhr in die Bretagne und warf die Antidepressionstabletten in weitem Bogen ins Meer. Und sagte am Hamburger Schauspielhaus zu, in einer Inszenierung von »Peer Gynt« bei Simon Stone zu spielen.

Hamburg, März 2016
*Ich bin in Hamburg und wohne in einem Apartment-Hotel an der Außenalster im 7. Stock. Die Stadt gefällt mir. Sie ist hell und sauber, ohne Neuköllner Hundekacke, die im Regen aufweicht. In Neukölln fahre ich am liebsten Fahrrad, weil man von oben die vom Regen aufgeweichte Kacke übersehen kann. Hier gehe ich zehn Minuten zu Fuß ins Theater, die Lange Reihe entlang. Ich gehe shoppen. Ich bummele durch Hamburg.**

Ich habe Proben zu »Peer Gynt« am Hamburger Schauspielhaus. Fünfzehn Jahre nach »Hamlet«. Da habe ich als Hamlet auf dieser Bühne gestanden: als kleiner Mensch, so wie es Zadek wollte, verloren auf der großen Bühne. Aus dem Publikum rief jemand bei dem berühmten Sein-oder-Nichtsein-Monolog: »LAUTER!« Ich sagte: »Sie kennen das doch alle«, und habe weitergespielt. Am Ende des Monologs fragte ich das Publikum: »Haben Sie mich verstanden?«

Ich spiele zum dritten Mal das Stück »Peer Gynt«. Das war mein erstes Stück an der Schaubühne, und es war meine letzte Arbeit mit Peter Zadek, ich

* Alle kursiv gesetzten Texte stammen aus Angela Winklers Tagebüchern

spielte Peer Gynts Mutter, die alte Aase. Irgendwie spielt das Stück ein bisschen Schicksal.

Ich fange an, mich mit dem Stück zu beschäftigen, gehe durch die Stadt. Das Textbuch habe ich immer dabei. Ich bin ein Sehmensch und sehe eine Frau, die so aussieht, wie die erfolgreiche Architektin aussehen könnte, die ich in »Peer Gynt« spielen werde. Ich lese hundert Mal das Stück, alles, was ich sehe, gesellt sich dazu: Zeitungsausschnitte, Blumen und Blätter, Fotos, Postkarten, alles kommt mit ins Textbuch.

Der Regisseur Simon Stone hat das Stück neu geschrieben, Peer Gynt wird von drei Frauen gespielt. Ich bin die älteste, also die alte Peer Gynt, die nach siebenundvierzig Jahren zurück nach Hause kommt, ins Dorf, und alle erzählen ihr, die aus der Fremde kommt, ihre Geschichten. Lauter Dramen, die verpassten Augenblicke, die Unglücke, die verpassten Möglichkeiten. Hier machen sich alle etwas vor, wie im Leben und eben in »Peer Gynt«, dem Stück vom Lügengeschichtenerzähler.

Am Anfang dachte ich, ich könnte diesen Text nie lernen. Die Sprache von Simon Stone kam mir so läppisch, so oberflächlich vor. Ich muss meine Texte Wort für Wort lernen, ich nehme sie ernst. Und merkte, wie diese zuerst banalen Sätze an Ernst gewannen und anfingen zu leben. Solche Sätze höre ich doch, dachte ich, in meinem Neuköllner Café.

Mir gefielen die Proben immer mehr. Wir saßen in den ersten Wochen alle gemeinsam am Tisch, haben gelesen und geredet. Ich habe viel erzählt und merkte, dass es den jungen Schauspielern gefiel, was ich erzählte. Von einem Leben, das sie so nicht kennen. Von einem Leben ohne Theater. Ich habe ja nie, außer in meiner Anfängerzeit, an einem Theater ein Stück nach dem anderen gemacht, eine Rolle nach der anderen gespielt. Ich hatte immer Pausen, große Pausen, ein ganz anderes Leben mit den Kindern, Wigand und den Häusern. Vieles davon ist in das Stück mit eingegangen. Der Text, das ist die Hülle, die Schalen der Zwiebel, man schält sie und schält und findet keinen Kern.

Am Ende des Stücks stirbt die alte Peer Gynt im Schoß ihrer Enkelin. Sie fragt, wie es da unten aussieht, im Fjord, unter Wasser. Dahin will sie gehen.

Ein Jahr vorher wäre ich beinahe im Atlantik ertrunken.

Es war windig, es war mittags, das Meer war unruhig. In der kleinen Bucht war ich noch nie schwimmen. Ich wollte mich reinigen, erfrischen von der Baustelle, vom Kochen, vom Aufräumen. Das Wetter war mir egal. Meistens gehe ich sowieso nur bis zu den Hüften ins Wasser. Kaum war ich drin, kam eine hohe Welle, und ich hatte plötzlich keinen Grund mehr unter den Füßen, fand auch keinen mehr. Es kam die nächste Welle und die nächste und die nächste …

Der Sog hatte mich schon aus der kleinen Bucht gezogen, ich konnte die blaue Buvette, das kleine Café, nicht mehr sehen. Außerdem war da kein Mensch bei dem schlechten Wetter. Ich schwamm auf einen der vielen Felsen in der Bucht zu und versuchte, mich daran festzuklammern. Er war über und über mit scharfkantigen Muscheln besetzt. Der nächste Brecher kam und ich konnte mich nicht festhalten. Hinter dem Felsen war das brodelnde Meer. Mindestens fünf Mal dachte ich, ich hätte es geschafft, bin aber immer wieder weggerissen worden. Die Wellen überspülten mich und warfen mich unter Wasser. Ich gab auf und sah – genauso wie man es immer erzählt bekommt – die Gesichter meiner ganzen Familie vor mir. Als ich wieder aufwachte, lag ich zerschunden und am ganzen Körper schlotternd auf einem Felsplateau und hörte über mir den Hubschrauber.

Warum bin ich ins Wasser gegangen, obwohl doch die Wellen so hoch waren? Ob ich verschwinden wollte?

Kurz bevor die Proben für »Peer Gynt« anfingen, ist meine Mutter gestorben. Sie ist 102 Jahre alt geworden. Nach der ersten Kostümprobe sah ich so aus, dass meine Mutter gejubelt hätte: »Endlich bist du einmal schön angezogen!« Ich hatte eine schlichte schwarze Hose an, eine klassische Bluse, einen hellen Mantel und Halbschuhe. Lauter Sachen, die ich normalerweise nie trage.

Meine Mutter war Hamburgerin. Sie liebte den Norden. Nach unserer Flucht aus Templin, wo ich geboren bin, haben wir die erste Zeit in Hamburg-Bergstedt gelebt. Sie hatte schon mit ihren Eltern vor dem Krieg in Hamburg gelebt.

Mein Vater kam erst 1949 aus der russischen Gefangenschaft wieder. Er war Arzt an der Front gewesen. Seinetwegen sind wir in den Süden nach Bayern gegangen. Er war Niederbayer. Wenn wir früher mit dem kleinen schwarzen VW, Othello hieß er, nach Italien fuhren, fünf Kinder im Auto, das kleinste schlief hinter der Rückbank im »Gräbelchen«, und es kam uns ein Auto mit einem Hamburger Kennzeichen entgegen, kamen meiner Mutter die Tränen. Wir mussten dann »Hummel Hummel« sagen und sie sagte »Mors Mors«.

In Hamburg hatte sie meinem Vater, einem jungen Arzt, ihr Jawort gegeben. Sie wollte ihm ihren kranken Fuß nicht zeigen, hat ihm aber den höchsten Berg Hamburgs gezeigt. Da war es wohl um beide geschehen. Sie war blond und friesisch, er bayerisch und dunkel. Sie leichtfüßig, neugierig und leuchtend, er ruhig und gutmütig. »Rehlein« wurde sie genannt.

Ich habe nie geheiratet, weil ich dachte, eine solche Liebe nie leben zu können. Nur einmal habe ich meine Mutter weinen sehen. Mein Vater hatte vergessen, ihr zu Silvester die Tulpe im Topf zu schenken. Da glaubte sie wohl, er liebe sie nicht mehr, und rannte aus dem Haus.

Oft saß sie am Klavier, spielte und sang ihre Lieder. Ich stand hinter ihr und schaute auf ihre Hände. Alle Lieder habe ich von ihr gelernt. Meinen Liederabend »›Ich liebe dich‹ kann ich nicht sagen« habe ich für meine Mutter gemacht.

Am letzten Tag sank ihr Kopf immer tiefer, mein Bruder und ich legten sie in ihr Bett und sie schlief ein. Lächelnd. Und wachte nicht mehr auf.

23.3.2016
Von meiner Mutter habe ich goldene Ostfriesenohrringe mit kleinen Sternchen und Halbmonden geerbt. An meiner Hand trage ich einen Ring aus einem Kaugummiautomaten, den mir Wigand geschenkt hat. Schaut man ihn an, sieht er aus wie ein kleiner runder Stein im Geröll eines Baches zwischen modrigen Unterwasserblumen, und er leuchtet bernsteingolden. Er zieht das Licht an. Es könnte auch ein Blick in ein dunkles Zimmer mit alten Mahagony-Möbeln sein und einem bernsteinfarbenen Sonneneinfall durch schwere Samtvorhänge. Am Ohr trage ich oft einen Weidenkätzchen-

Ohrring. Nur einen. Ein helles Weidenkätzchen an einer feinen silbernen Kette. Ich spüre das Kätzchen zärtlich an meinem linken Ohr, auf der anderen Seite von meinem Muttermal. Dieses Muttermal auf der rechten Seite über meiner Lippe habe ich von meinem Vater geerbt. Schon als Kind, vor allem als junges Mädchen, habe ich mich wegen dieses Mals sehr geschämt. Jetzt, im Alter, ist es größer geworden. Vor allem dicker. Es sieht aus wie eine Warze. Es sieht einfach hässlich aus und ich zupfe ab und zu Haare aus, die darauf wachsen. Dafür musste ich mir extra eine Pinzette kaufen.
Kurz vor der Premiere ist mein ganzer Kopf eine Wunde. Vom Textlernen.

Auf der Bühne kann man alles. Ich bin jedes Mal selbst überrascht. Vielleicht könnte ich sogar noch einen Handstandüberschlag oder einfach einen Kopfstand, den ich nie konnte.

Ich kann bestimmte Sachen nicht. Ich kann so viel nicht. Ich kann die Beine nicht im Lotussitz auseinanderbiegen. Seit es Yoga gibt, können das fast alle Frauen. Ich war ein-, zweimal in einer Yogagruppe einer Freundin. Ich habe mich geniert. Erstens wegen meiner nicht gepflegten Füße, die Socken muss man ausziehen, und eben wegen dieses Lotussitzes. Alle konnten das, saßen mit kerzengeraden Rücken auf dem glatten ritzen- und fusselfreien Holzfußboden. Mir gaben sie zwei harte Kissen, die ich unter den Po klemmen sollte, aber meine Beine, die Knie ragten trotzdem in die Höhe. Ich versuchte, sie mit meinen Ellbogen nach unten zu drücken. Es tat weh. Ich dachte, mein Becken ist so eng geworden, habe an Sex gedacht und bin in Gedanken weggeschwirrt. Ich dachte an meinen ersten Kuss, der mir auch so wehgetan hat. Es war ein Schriftsteller mit riesengroßen Zähnen, ich konnte hinterher kaum mehr japsen, und mir war schlecht. Ich mache kein Yoga mehr. Ich will mich nicht schinden und neben Frauen sitzen oder liegen, die mir fremd sind, die alles so proper im Griff haben. Ich fühle mich unter ihnen ziemlich daneben, als sei ich völlig durch den Wind.

Aber so bin ich nicht. Ich weiß sehr gut, »wo's langgeht«. Vielleicht zu gut. Ich stehe mit den Füßen auf der Erde, in der ich so oft und gern wühle, dass ich mit Maulwurfshänden aufwache. Ich brauche keine Schutzhandschuhe, weder zum Putzen noch zum Gärtnern. Deswegen sehen meine Hände und Füße so aus: nicht gepflegt. Schon bei meinem ersten Fernsehfilm, »Der blaue Strohhut«, den ich mit Hans Dieter Schwarze gedreht habe, hat Elisabeth Wiedemann, die zarte blonde Frau von Fernseh-Ekel Alfred, gesagt: »Kindchen, du bist sehr nett und begabt, aber warum hast du so dreckige Fingernägel?« Ja, warum?

Ich mache so viel mit den Händen. Die sind breit und kräftig wie Arbeiterhände. Schon als ich jung war, traten die Adern hervor, die Fingernägel sind kurz, wenn sie wachsen, brechen sie gleich ab, eben weil ich keine Arbeitshandschuhe anziehe. Überhaupt ziehe ich nicht das an, was ich vielleicht anziehen sollte.

Mit meinem Peer-Gynt-Kostüm, dem hellen Tuchmantel, den eleganten schwarzen Schuhen und dem feinen grauen Kaschmirpullover, sah ich richtig schick aus. Auf den Proben trug ich eine Art Cowboystiefel, die ich vor Jahren in Paris gekauft hatte. Sie waren blau und abgeschabt, schon x-mal besohlt; ich dachte, sie auf der Bühne zu dem hellen feinen Mantel zu tragen, wäre ein guter Kontrast gewesen. Immerhin komme ich in der Rolle aus Amerika, und alle fanden meine Schuhe »geil«. Aber alle Hamburger hätten dann nur auf diese abgetragenen »geilen« Schuhe geguckt.

So muss ich das Widersprüchliche spielen. Eine von außen gelackte, perfekte Person, die sich nach siebenundvierzig Jahren das Haus wieder anschaut, das sie gebaut hat und dann abgehauen ist. Ich liebe diese Rolle. Ich muss das ganze Stück über höflich sein, nie jemanden angreifen, doch am Schluss kann ich »Scheiße« rufen, richtig loslegen, wie ich es noch nie auf der Bühne gemacht habe: »Scheiße!«

Das mochte ich. Das Wort Scheiße hatte ich noch nie auf einer Bühne gesagt.

April 2016
Nach der Vorstellung.
Im Hotel Reichshof stehen zwei Kunstlederbänke. Gestern nach der Vorstellung und auch heute Morgen habe ich das unwiderstehliche Verlangen, mich mit Mantel und abgewetzten Schuhen darauf zu legen. So erschöpft fühle ich mich immer noch.

Ich sitze im Flugzeug auf dem Weg nach Nantes, fliege über diesen milchig weißen Wolkenteppich, der zum Hinlegen einlädt wie die Bänke im Hotel Reichshof.
Ich verdanke meiner Faulheit und meinem Leichtsinn, dass ich nicht in die Falle gegangen bin. Meine Bodenständigkeit bindet mich an konkrete Dinge.

1971 – in Berlin

Draußen auf dem Vorplatz der Schaubühne am Halleschen Ufer hatten die Garderobieren die schönen Hosen, die die Kostümbildnerin Moidele Bickel für Peer Gynt gemacht hat, zum Trocknen in die Sonne gehängt. Wigand fuhr mit seinem alten Peugeot daran vorbei; die Hosen gefielen ihm. Er hielt an und fragte, was das für Hosen seien, wahrscheinlich wollte er gern eine haben. Er selbst trug rote Hosen. Sie sagten ihm, das seien die Hosen von Peer Gynt, die sie zum Trocknen aufgehängt hätten. Das Stück werde am Abend wieder gespielt und sie könnten ihn in die Vorstellung schleusen. Es gab einen Geheimweg durch die Kantine hinter die Bühne, wo wir die Freunde in die Vorstellungen schmuggelten.

Nach der Vorstellung stand er mit seinen roten Hosen in der Kantine neben mir am Tresen und sprach mich an. Ich hätte, sagte er, die ganze Zeit während der Vorstellung stumm den Text der Solveig, die Jutta Lampe spielte, mitgesprochen. Ich war erstaunt.

Ich spielte mehrere kleine Rollen, unter anderem Anitra, das Wüstenmädchen. Es war meine erste Rolle an der Schaubühne. Ich hatte gerade eine Wohnung im »nassen Dreieck« bezogen. So hieß das Viertel auf der anderen Seite der Kantstraße, wo die Häuser auf Pfählen gebaut waren. Ich hatte gerade die Wände, die schief und krumm waren, mit Gips geglättet und gestrichen. Er sah die Gipsränder an meinen Fingernägeln und fragte, ob er mir beim Renovieren helfen könne. Ich sagte, ich sei schon fertig. Außerdem gefielen mir die roten Hosen nicht. Ein paar Tage später, als ich in einem grünen Männerhemd die Treppen runterkam, kam er die Treppen hoch. Woher er meine Adresse hatte, weiß ich nicht mehr. Ich sagte ihm, die Wohnung sei fertig, und wir gingen unten in eine Kneipe, dann lag seine Hand neben meiner auf dem Tisch.

Danach ist er gleich weit weggefahren, nach Afrika. Die Nacht, bevor er fuhr, bin ich bei ihm geblieben, aber mitten in der Nacht abgehauen. Irgendwann stand vor meiner Wohnungstür ein kleiner, kahler, weißer Wüstenbaum, an dem lauter Zettel hingen. Es waren Gedichte, Kochrezepte, Gedanken, er hatte jeden Tag etwas für mich geschrieben. Er war also zurück. Er liebte seine Freiheit. Ich liebte meine Freiheit. Wir haben uns nicht verabredet, aber oft in der Stadt gesucht und gefunden. Es war immer abenteuerlich.

Wigand hatte eine Parterrewohnung in der Sigismundstraße. Geheizt wurde mit einem Ölofen, einem Fabrikofen ohne Wärmeschutz, der direkt neben dem Bett stand. Es war Winter. Ich hatte, bevor ich zur Probe in die Schaubühne ging, eine Tablette zum Entrußen in den Ofen geworfen. Ich musste noch schnell etwas besorgen, mein Hund Hektor blieb in der Wohnung. Als ich wiederkam, konnte ich gerade noch den schon angesengten Hund aus der Wohnung ziehen. Ich nahm ihn mit auf die Probe von »Fegefeuer in Ingolstadt«. Es war die Generalprobe. Während ich spielte, hörte ich die ganze Zeit im Hintergrund den Hund erbärmlich röcheln und husten. Nach der Probe sagte Peter Stein zu mir: »So gut warst du noch nie.«

Dieses Husten habe ich nie vergessen. Ich habe es noch immer im Ohr. Bei »Iwanow« von Anton Tschechow, meiner ersten Arbeit mit Peter Zadek am Wiener Burgtheater, ich spielte die lungenkranke Anna Petrowna, habe ich gehustet wie mein beinahe verbrannter Hund.

Hektor und Löbleböb

Hektor hatte ich in der Fußgängerzone in Castrop-Rauxel geschenkt bekommen, wo ich, bevor ich an die Schaubühne kam, am Landestheater engagiert war. Er sah aus wie mein schwarzer Stoffhund, den ich als Kind hatte. Er war ein schwarzes Knäuel, bei dem man nicht wusste, wo vorn und hinten war. Er biss kleine Kinder und meine Liebhaber. Er wäre zwei Mal fast überfahren worden, rollte vor den Autoreifen her wie eine Wurst, als das Auto anhielt, schüttelte er sich und trollte unversehrt davon. Nur seine Psyche war angeknackst. Er ist oft ausgerissen und irgendwann in Berlin in einem Hundeheim gelandet. Ich habe ihn nicht abgeholt.

Später, als wir auf dem Land lebten, hatten wir wieder einen Hund. Er sah so ähnlich aus wie Hektor, war schwarz gekräuselt, doch dreimal so groß. Wir nannten ihn Löbleböb. Das heißt auf Arabisch Kichererbse. Er lachte, wenn man ihn tadelte, und bleckte seine Zähne. So kam er zu seinem Namen. Er liebte unseren ersten Sohn Luca über alles und war lange bei uns.

Wir haben ihn auf einer Raststätte hinter der deutsch-französischen Grenze bei unserem Umzug in die Auvergne verloren.

Wir sind mit zwei Autos gefahren. Wigand fuhr einen Lastwagen mit roten Nummernschildern, einen Magirus-Deutz mit einer Plane, unter der er einen Unimog transportierte. Ich fuhr mit den Kindern in unserem Peugeot 203 hinterher. An der Raststätte hinter der Grenze feierten wir mit Champagner unsere gelungene Transaktion. Löbleböb bleckte seine Zähne, feierte mit und tanzte mit den Kindern. Danach stieg jeder in seinen Wagen, und wir fuhren weiter. Jeder von uns dachte, dass Löbleböb im Auto des anderen sei. Erst spät bemerkten wir, dass wir Löbleböb an der Raststätte vergessen hatten. Wir waren untröstlich. Am nächsten Morgen fuhren wir die vielen Kilometer wieder zurück. Als wir endlich wieder bei der Tankstelle angekommen waren, sagte der Tankwart, dass Löbleböb die ganze Nacht dagesessen und still gewartet habe. Erst vor ein paar Minuten sei er in einen Lastwagen gesprungen. Wir waren traurig und fühlten uns sehr schuldig. Noch lange, wenn wir in Paris ein Auto sahen, aus dessen Fenster ein vom Fahrtwind spitzer schwarzer Hundekopf ragte, rasten wir hinterher in der Hoffnung, es könnte Löbleböb sein. Wir haben ihn nie gefunden.

*Löbleböb mit Tammo, Luca –
und unserem Elbkutter*

Bevor ich an die Schaubühne kam

Bevor ich an die Schaubühne kam, war ich am Westfälischen Landestheater in Castrop-Rauxel engagiert. Das war ein politisch engagiertes Theater, der Intendant war Hans Dieter Schwarze. Schwarze kam von der Bavaria, war Drehbuchautor und Regisseur von Fernsehfilmen. Ich spielte in »Der blaue Strohhut« mit Hannelore Elsner, »Schichtwechsel« von Max von der Grün und »Ende einer Dienstfahrt« von Heinrich Böll mit. Auf der Bühne konnte ich hier als Anfängerin alles ausprobieren. »Von der Julia bis zur Ehrbaren Dirne«. So stand es sogar im *Spiegel.*

Nach eineinhalb Jahren, nachdem ich den Film »Jagdszenen aus Niederbayern« gedreht hatte, wollte ich weg. Raus aus der Provinz, raus in die Welt. Kurz war ich verlockt, nach Südamerika zu gehen. Es gab dort ein deutschsprachiges Theater, das herumreiste und vor reichen Leuten spielte. Der Mann, der es leitete, war nach Castrop-Rauxel gekommen und wollte mich unbedingt engagieren. Aber er war mir schnell unangenehm und ich merkte, dass er offenbar etwas anderes für seine reichen Deutschen oder die alten Nazis suchte als mich.

Ich hatte von der Schaubühne, von Peter Stein und seiner Truppe in Berlin gehört.

Ich war noch nie in Berlin und wollte in die Großstadt. Ein Jahr war ich in Kassel an der Komödie und jetzt in Castrop-Rauxel. Ich hatte gehört, dass sie an der Schaubühne als Kollektiv arbeiten, ich stellte mir eine ähnliche Zusammenarbeit vor wie in Castrop-Rauxel, das gefiel mir.

Ich habe in meinem Leben drei für mich wichtige Briefe an Regisseure geschrieben. Der erste war an Hans Dieter Schwarze. Der zweite an Peter Stein.

Leider weiß ich nicht mehr, was genau in dem Brief stand, aber der erste Satz war ungefähr so: Komme gerade aus »Easy Rider« und möchte an die Schaubühne …

Peter Stein hat geantwortet:

Liebe Frau Winkler,
vielen Dank für Brief und Fotos. Wir sollten uns überlegen, wie wir die notwendigen Voraussetzungen für ein Engagement an der Schaubühne organisieren können, d. h., einige Leute von uns müssen Vorstellungen sehen, in denen sie spielen; dann müssten Gespräche stattfinden etc. …

Ich könnte mir denken, dass wir dann zu einer Übereinkunft kommen könnten. Wir brauchen dazu aber etwas Zeit, weil Peymann in Hamburg und ich hier in Zürich gegenwärtig arbeiten. Schreiben Sie mir bitte Ihre Spieltermine, und wenn Sie Lust haben, kommen Sie mal nach Zürich. Ich bin hier bis zum 15. Juni.
Ich möchte aber noch eins hinzufügen. Aus Ihrem Brief wird nicht ganz deutlich, ob Ihnen klar ist, was wir an der Schaubühne vorhaben. Theater- und Mediumsquatsch und Easy-Rider-Gekokse steht da eher an letzter Stelle in der Reihenfolge der Wichtigkeiten. Wir wollen uns zu Sozialisten ausbilden an diesem Theater, wenn möglich zu Kommunisten; und dieser Lernprozess wird mühsam sein und Ruhe und Geduld verlangen. Über alle diese Dinge werden Sie sich aber anhand von Protokollen der verschiedensten Art informieren können. Hoffentlich bleibt Ihr Interesse dann noch bestehen.
Bitte lassen Sie von sich hören,
freundliche Grüße,
Peter Stein

Damals gab es an der Schaubühne einen Bewerbungsausschuss. Als Erster kam Claus Peymann. Er kam mit Zahnpasta und Zahnbürste in einer Plastiktüte und schaute sich auf einem Abstecher eine Vorstellung von uns an. Wir waren ein Landestheater und hatten den Auftrag, das Land zu bespielen. Wir spielten jeden Abend an einem anderen Ort, in Kneipensälen und Turnhallen, und kamen spätnachts mit dem Bus zurück. Ich spielte die Charlotte Corday in dem Stück von Peter Weiss »Die Verfolgung und Ermordung Jean Paul Marats, durch die Schauspielgruppe des Hospizes zu Charenton unter Anleitung des Herrn de Sade«. Offenbar habe ich Peymann gefallen, und er sagte in Berlin, dass sie mich einmal anschauen sollten.

Liebe Angela Winkler,
vielen Dank für Ihren Brief. Wir wollen doch jetzt
einem möglichen Engagement an der Schaubühne
etwas nähertreten. Darum haben einige Kollegen
vor, am Sonntag, dem 20. September 1970, sich den
»Marat« anzusehen und mit Ihnen zu sprechen.
Wo liegt eigentlich Gescher? Können Sie uns
vier Karten besorgen für den Abend?
Ich hoffe, dass das klappen wird, bis dahin
viele Grüße, Peter Stein

Bei unserem Abstecher in Gescher ging ein Getuschel durch das Ensemble: »Die Steins sind da. Bruno Ganz ist da.« Sie trugen alle schwarze Mäntel und hatten Zöpfe. Wir spielten in einem Kneipensaal, und hinterher gab es, wie damals üblich als politisch engagiertes Theater, eine Publikumsdiskussion. Diesmal war die Diskussion besonders politisch, alle haben sich furchtbar angestrengt und sich angeschrien.

Anschließend zogen wir in eine andere Kneipe. Ich saß zwischen Bruno Ganz und Werner Rehm und habe kein Wort gesagt. Als sie gingen, sagte Peter Stein, dass ich von ihnen hören würde …

Und ich hörte von ihnen:

Schaubühne am Halleschen
1 Berlin 61, den 10.11.1970

Liebe Angela Winkler,
danke für den Brief. Ich habe sehr bedauert, dass du und deine Kollegen vom WLT nach der »Mutter«-Vorstellung, die ihr ja gesehen habt, so schnell verschwunden seid, warum habt ihr nicht mit uns gesprochen?
Ich fände es schon sehr schön, wenn du vor deinem Engagements-Antritt im Februar noch einmal nach Berlin kommen könntest.
Den unterschriebenen Vertrag haben wir erhalten.

Alles Gute, bis bald,
Peter Stein

PS: Übrigens, was ist ein Kollektiv-Theater?

»Notstand oder das Straßentheater kommt« von Max von der Grün. Westfälisches Landestheater Castrop-Rauxel, 1969

An der Schaubühne

»Peer Gynt« war das erste Stück, in dem ich an der Schaubühne spielte.

Peter Stein wollte, dass ich die Ingrid spiele. Ingrid wird am Anfang des Stücks von Peer Gynt entführt. Mir gefiel die Rolle nicht, und das sagte ich ihm auch. Ganz schön mutig war das von mir, finde ich, als Anfängerin eine Rolle abzulehnen. Daraufhin spielte ich mehrere kleine Rollen, eine Magd, eine Trollin, eine Sennerin und Anitra, das Wüstenmädchen.

Ich glaube, Peter Stein konnte nicht viel mit mir anfangen. Ich war ihm zu eckig. Außerdem konnte ich überhaupt nicht sprechen.

Danach spielte ich die Olga in Marieluise Fleißers Stück »Fegefeuer in Ingolstadt«.

Peter Stein hatte das Stück in nur vier Wochen inszeniert. Er hat die Regie von dem Regisseur, der es ursprünglich inszenieren sollte, übernommen. Die Inszenierung wurde ein großer Erfolg. Auch für mich. Aber ich fühlte mich von Anfang an nicht richtig wohl an der Schaubühne. Ich sehnte mich nach Castrop-Rauxel, wo es weniger ehrgeizig zuging, wo wir eine Truppe waren, die im Bus über Land zu den Spielorten fuhr.

Doch dann wollte Klaus Michael Grüber mit mir arbeiten. Ich sollte die Marianne in den »Geschichten aus dem Wiener Wald« von Ödön von Horváth spielen. Ich sehe mich noch auf der Probebühne stehen und das Lied »Drunten in der Wachau« singen. Die ganze Rolle steckte in dem sehnsüchtigen Lied. Aber ich hatte mir während einer »Peer-Gynt«-Vorstellung den Fuß gebrochen und musste umbesetzt werden. Leider. Etwas holprig fing meine Arbeit mit Grüber an, dem Regisseur, der für mich so wichtig geworden ist.

Bei der zweiten Arbeit mit ihm, in den »Bakchen«, einem Antikenprojekt, mussten wir Frauen sehr lange auf der Bühne in einer antiken Pose stillstehen, da glitt ich leise an meiner Kollegin Katharina Tüschen zu Boden. Ich wurde ohnmächtig. Ich war schwanger. Da bin ich das erste Mal weg vom Theater und mit Wigand nach Italien nach Montalto gezogen.

Oft fühlte ich mich an der Schaubühne wie in der Schule, der ich doch immer schon entflohen bin. An der Schaubühne zu sein, hieß, den ganzen Tag im Theater verbringen. Neben den Proben hatten wir politische Schulungen, für ein Shakespeareprojekt konnten wir alle ein Instrument lernen, ich lernte Gambe spielen. Es gab kein Leben außerhalb des Theaters. Die Proben vormittags, abends die Vorstellungen, wenig Schlaf und ein kleines Kind, das um sechs Uhr morgens wach ist und die Welt erforscht. Ich lag noch verschlafen im Bett, als Luca morgens eine Flasche Terpentinersatz entdeckte und schon dabei war, daraus zu trinken. So geht das nicht, beschloss ich, immer nur mit einem Auge bei dem Kind und mit dem anderen im Theater. Ich wollte bei meinem Kind sein. Das ganze Theater war mir auf einmal nicht mehr wichtig. Ich hatte jetzt ein Kind, hatte Wigand kennengelernt und bin mit ihm gegangen.

*»Übungen für Schauspieler«,
Schaubühne Berlin, 1974*

Montalto in Ligurien

Die Mühle hatten wir einen Sommer vor Lucas Geburt entdeckt und haben sie von dem Geld gekauft, das ich vom Film »Jagdszenen aus Niederbayern« hatte. Es war viel Geld, 10.000 DM. Ein ziemlich verfallenes Gemäuer mitten im Gestrüpp, unten in einem dunklen Tal. Es war das erste Haus, das wir ausgebaut haben. Der Weg dahin führte über eine alte romanische Brücke. Auf dem Weg und über die Brücke konnten gerade mal ein Mann und ein Esel gehen, und alle hundert Meter stand ein Wegkreuz, ein Marterl. Der Weg führte nach unten bis zur Brücke, wo unsere Ölmühle stand, dahinter ging es sofort steil nach oben in die Weinberge.

Wir hatten keine Elektrik, kein fließendes Wasser, machten mit Karbidlampen und Kerzen Licht, und ich habe die Wäsche mit den anderen Bäuerinnen unten im Fluss gewaschen und zum Trocknen auf die Felsen gelegt.

Das Leben in Montalto bestand aus dem Baby und dem Kampf gegen die Feuchtigkeit.

Luca ist im Oktober 1974 in San Remo im Ospedale Civile auf die Welt gekommen. Im Kreißsaal von San Remo, in dem neben mir noch zwölf italienische Frauen lagen. An ihren Betten waren riesige rosa oder hellblaue Schleifen angebracht. Wigand brachte mir einen klitzekleinen, mit Bachminze gespickten Apfel mit.

Ich hatte keine Ahnung von Geburten. Damals hat man den Geburtstermin nur so ungefähr mitgeteilt bekommen. Noch einen Tag vorher bin ich hoch in die Weinberge gegangen. Als in der Nacht die Wehen einsetzten, habe ich Wigand geweckt. Wir machten Licht mit unseren Karbidlampen, und als Pierri, unser Nachbar, Licht bei uns sah, rief er: »Wigand, komm schnell, mein Esel stirbt!«

Wigand rief zurück: »Nein, ich muss jetzt Angela in die Klinik fahren, das Baby kommt!«

Ich bin mit Wigand den Pilgerweg hochgelaufen, die Wehen wurden stärker, unser alter Mercedes, der da oben stand, sprang natürlich nicht an, ich musste mit anschieben. Bis San Remo dauerte es dreißig Minuten. Daran, dass Männer bei einer Geburt dabei sein könnten, war damals noch gar nicht zu denken.

Wigand fuhr wieder zurück, um Pierri zu helfen, den Esel zu begraben. Wegen der Felsen war die Grube, die Pierri ausgehoben hatte, nicht tief genug, und die steif gewordenen Eselsbeine ragten aus dem Grab heraus. Pierri nahm seine Axt und hieb dem Esel mit der Rückkante in alle vier Kniekehlen. Er musste seinem Esel die Gelenke brechen, um ihn unter die Erde bringen zu können.

Der Esel hieß Luca. So bekam Luca seinen Namen.

Eigentlich sollte Luca Rocco heißen, nach dem Film »Rocco und seine Brüder«. Aber die Italiener meinten, Rocco hießen nur Sizilianer. So wurde aus Rocco Luca, unser erster Sohn.

Zu Lucas Geburt war mein Vater nach Montalto gekommen. Er kam den Eselsweg zu Fuß zu uns. Er liebte das Bergsteigen. Ich sei eine Bergziege, hat mein Vater gesagt. Mit ihm bin ich in die Berge gekraxelt. Drei Jahre später ist er an einem Herzinfarkt gestorben. Ich war mit meinem zweiten Sohn Tammo schwanger.

Die Mühle in Montalto

In Templin bin ich geboren

Mein Vater war als Arzt an der russischen Front im Krieg. Meine Mutter ist mit uns drei Kindern, mit Uta, Ulf und mir, vor den Russen nach Hamburg geflohen. Ich war damals die Jüngste von meinen Geschwistern. Erst später kamen noch zwei dazu, Dirk und Claudia. Wir sind in Hamburg-Bergstedt in einer eigenen Siedlung untergekommen – wie die Flüchtlinge heute. Meine Mutter hatte eine Gesangsausbildung, sie hatte Klavier und Gesang studiert. Sie arbeitete in Bergstedt als Lehrerin.

Meine beiden Geschwister waren in ihrer Klasse, ich war noch zu klein für die Schule. Aber meine Mutter nahm mich mit und setzte mich ganz vorn in die erste Reihe.

Im Klassenraum wohnten die Mäuse unter dem Ofen. Wenn die Mäuse unter dem Ofen hervorkamen, fing die ganze Klasse an, fürchterlich zu schreien, und alle sind auf die Tische gesprungen.

Einmal habe ich mich einen ganzen Tag lang versteckt, als meine Mutter mich in den Kindergarten stecken wollte. Ich bin bis ganz oben auf den

Kirchturm geklettert, und erst am Abend haben sie mich gefunden.

Meine Mutter war immer mit uns zusammen.

Sie hatte für jeden von uns ein eigenes Gutenachtlied. Ich hatte das Lied:

Es ist ein Sternlein vom Himmel gefallen,
hat's keiner gesehen, es leuchtet uns allen.
Es leuchtet das Sternlein mit hellem Schein
ins Herz uns hinein.

Wir waren arm. Abends im Bett habe ich mit meiner Schwester Uta zusammen ein Buch gelesen. Es war aus Amerika, es hieß »Tag für Tag der Sonne nach«. Es erzählt von einem armen Mädchen, das eine Puppe hat, die alles das bekommt, was das Mädchen sich wünscht. Kleine Schlittschuhe, kleine Stiefelchen, einen Muff …

Wir haben uns alles ausgedacht, was wir uns wünschten, bis wir einschliefen.

Ich liebte den Regen. Sobald es regnete, rannten wir alle drei nach draußen. Ich habe mich vor eine Pfütze gesetzt, ins Wasser geschaut und gesungen:

Traurig, über traurig,
hab verloren meinen Ring.

Ich will gehen und will sehen,
ob ich ihn nicht wiederfind.

Und dann kommt die zweite Strophe:

Freude, über Freude,
hab gefunden meinen Ring.
Ich will gehen und will sehen,
ob ich ihn verschenken kann.

Ich weiß nicht, ob das Lied wirklich so geht, ich habe es jedenfalls so gesungen und einen Freudentanz um die Pfütze aufgeführt.

Ich war fünf Jahre alt, als mein Vater 1949 aus der russischen Gefangenschaft zurückkam. Ich sehe noch genau, wie mein Vater in der Tür stand. Eine große, hagere Gestalt. Sein dünner Körper schlotterte in einem langen Mantel. Ich war krank, ich hatte Grippe und hohes Fieber.

Mein Vater war ganz anders als meine Mutter. Er war still, er hat kaum gesprochen. Er liebte die Berge. Meine Mutter liebte das Meer. Er liebte die Natur. Meine Mutter hatte mit Natur überhaupt nichts im Sinn. Wir sind mit ihm zurück in seine Heimat nach Niederbayern, nach Abensberg gegangen. Er wollte wieder als Arzt arbeiten. Dort gab es aber schon zwei Ärzte, und für einen dritten war kein Platz. Wir sind gleich weitergezogen.

Ich sehe noch meine Mutter hinten auf seinem Motorrad, wenn sie losgefahren sind, um jemanden zu behandeln. Meine Mutter assistierte ihm dabei. Wir sind dauernd umgezogen. Ich habe ständig die Schule gewechselt, bis wir in Erlangen gelandet sind. Dort bekam mein Vater eine Stelle als Amtsarzt. Das war für ihn schwer zu verkraften, er war doch Chirurg. Wir waren als Familie in Erlangen immer zusammen. Abends saßen wir gemeinsam am Tisch und haben Mensch ärgere Dich nicht und Mühle gespielt.

Hochzeit meiner Eltern

Meine Mutter

Mit vier Jahren

Mit 16 Jahren

Unter den Drei Zinnen –
Ferien im Fischleintal in den Dolomiten

»Plötzlich im letzten Sommer«

In Erlangen kam ich aufs Gymnasium. Ich saß in der letzten Reihe und träumte vor mich hin. Bis ich in die Theatergruppe gegangen bin. Wir spielten ein Stück von Thornton Wilder: »Das lange Weihnachtsmahl«, in dem von der Kindheit bis ins Alter alle zehn Jahre das Weihnachtsfest gefeiert wird. »Da bist du ja!«, sagten die Lehrer zu mir und waren ganz glücklich.

Und dann war ich zum ersten Mal in einem richtigen Film. Ich war schon fünfzehn. Mein erster Film war »Lassie«. Da habe ich durchgeweint, sodass meine Mutter seitdem sagte: »Vergiss nicht, ein Bettlaken mitzunehmen«, wenn ich ins Kino ging.

»Plötzlich im letzten Sommer« – das war etwas anderes. Liz Taylor und Montgomery Clift. Was für Schauspieler! Was für eine Geschichte! Und die Großaufnahmen! Die Gesichter voller Empfindungen, voller Gefühl. Ich konnte die Gefühle sehen, die Tränen, die riesig über Liz Taylors Wangen liefen. Ich wusste plötzlich, das wollte ich! Ich bin die ganze Nacht nicht nach Hause gegangen.

Später habe ich in der Bibliothek alles über die Duse gelesen. Ich wollte Schauspielerin werden!

Mein Vater hielt gar nichts von der Schauspielerei. Ich solle erst einen richtigen Beruf lernen. Am besten etwas Medizinisches. Hebamme. Das war der Beruf mit der kürzesten Ausbildungszeit.

Ich musste zuerst ein dreimonatiges Praktikum machen. Ich kam auf eine Sterbestation im Waldkrankenhaus Erlangen. Im zweiten Monat kam ich auf eine Station, auf der Kinder mit Missbildungen lagen.

Es war fürchterlich. Ich ging zu meinen Eltern und sagte, dass ich alles, wirklich alles tun, sogar lieber putzen gehen würde, als je in einem Krankenhaus arbeiten zu müssen.

Ich wollte Schauspielerin werden.

Ich legte die Eignungsprüfung vor der Bühnengenossenschaft ab und bestand mit Ach und Krach die Aufnahmeprüfung für die Schauspielschule in Stuttgart.

Mein Vater brachte mich mit dem Auto hin. Ich hatte ein Zimmer in einem Nonnenheim. Es herrschten strenge Regeln. Kam man abends nach 22 Uhr zurück, stand eine Nonne am Eingang und hielt die Hand auf. Für jede Viertelstunde, die man zu spät kam, musste man fünfzig Pfennig in ihre offene Hand legen. Ich kam oft zu spät, denn ich war viel im Theater.

Die Schauspielschule war enttäuschend für mich. Es war wie die Schule, in die ich doch nicht mehr gehen wollte. Sie wussten nichts mit mir anzufangen und ich nicht mit ihnen.

Besonders Frau Ellersiek hatte es wohl auf mich abgesehen. Bei den Improvisationsübungen stellte sie uns ein Thema – wir sollten ein Tier oder sonst was sein –, setzte sich ans Klavier und spielte. Sobald sie aufhörte, mussten wir stehen bleiben. Ich dachte aber nicht daran, auf Kommando stehen zu bleiben, und tanzte und bewegte mich weiter. Frau Ellersiek meinte, ich sei völlig undiszipliniert. Nach zwei Monaten schrieb die Schule einen Brief an meine Eltern, sie könnten nicht erkennen, ob ich begabt sei oder nicht, und empfahlen, mich von der Schule zu nehmen.

»Wenn eine begabt ist, dann bist du es«, sagten meine Mitschüler und fuhren mit mir nach München zu Ernst Fritz Fürbringer, einem damals bekannten Schauspieler, der privat Schauspielstunden gab. Wir übernachteten auf dem Zeltplatz, und am nächsten Morgen zitterte ich die Stufen zu Herrn Fürbringer hoch. Er hat mich angenommen.

Ich bat ihn, meinen Eltern einen Brief zu schreiben, in der Hoffnung, das könne sie überzeugen. Er hat den Brief geschrieben. Mein Vater hat den Brief zerrissen.

Ich habe meiner kleinen Schwester Claudia meinen Teddy in ihr Bett gelegt und bin heimlich abgehauen nach München.

In Schwabing, in der Ainmillerstraße, fand ich eine Bettstatt. Ich hatte ja kaum Geld. Die Bettstatt war eine Couch in der Küche einer uralten Generalswitwe. An der Wand über der Couch hingen lauter verrostete Messer. Ihr Schlafzimmer war bis unter die Decke voller aufgestapelter Zeitungen, an der Wand hing eine Tafel mit der verblassten Kreideschrift ihres im Krieg gefallenen Sohnes. Die Wohnung war voller Spinnennetze und verstaubt.

Die Generalswitwe ernährte sich von einem ganzen Hähnchen pro Woche. Das teilte sie sich genau ein. Die Reste, die Knochen brachte sie ins Bad, wo das Fenster aufstand, damit die Taube hereinfliegen konnte, um die Reste abzupicken. Ich jobbte und musste mich, wenn ich abends nach Hause kam, an ihr Bett setzen und erzählen, was ich den Tag über gemacht hatte.

Zuerst habe ich als Souffleuse am Volkstheater gearbeitet, dann war ich Parkplatzwächterin, und später habe ich auf dem Viktualienmarkt Kirschen verkauft.

Ernst Fritz Fürbringer war selten da, er drehte damals so Maharadscha-Filme mit Turban in Indien. Aber ich hatte eine wunderbare Lehrerin, Hanna

Burgwitz. Sie studierte mit mir die Willie, eine tolle Vorsprechrolle aus einem Einakter von Tennessee Williams, ein. Das Stück heißt »Das Betreten des Grundstücks ist nicht erlaubt«. Willie ist ein dreizehnjähriges Mädchen, das sich die Klamotten ihrer verstorbenen Schwester, einer Prostituierten, anzieht und in leichtem Fummel auf Stöckelschuhen mit einer Puppe in der Hand auf einem Bahngleis herumbalanciert und vor einem Jungen mit der Geschichte ihrer Schwester, als wäre es ihre eigene, angibt.

Ich hatte ungefähr zehn oder etwas mehr Stunden bei ihr und meldete mich zur Abschlussprüfung bei der Bühnengenossenschaft an.

Ich fragte die Schüler, die gerade aus der Prüfung kamen, ob man gefragt würde, wie viele Stunden man schon gehabt habe. Sie sagten alle Nein. So schlau war ich dann schon. Ich hatte meine Willie und habe außerdem, was damals noch nicht üblich war, gesungen – das Lied »Nur een Zimmerchen irjendwo« aus »My Fair Lady«.

Und habe die Prüfung bestanden!

In Ulm soll eine tolle Theatertruppe sein, hatte ich gehört. Ich schickte eine Postkarte mit einem Automatenfoto von mir und schrieb, dass ich gern vorsprechen würde. Sie hätten mich engagiert, hatten aber keine Vakanz. An der Komödie in Kassel bekam ich für ein Jahr ein Engagement, obwohl die Spielzeit bereits angefangen hatte. In dem Stück von Curt Goetz »Der Lügner und die Nonne« spielte ich die Nonne, die Angela hieß. Unter dem Kasseler Publikum der Komödie gab es einige adelige Frauen, die mir Briefe schrieben, dass sie mich am liebsten adoptieren würden.

Aber nachdem ich eine Wildwesthure in dem Stück »Wind in den Zweigen des Sassafras« von René de Obaldia gespielt hatte, war es bei den Damen vorbei mit den Adoptionswünschen.

Inzwischen hatte ich vom Theater in Castrop-Rauxel gehört, von Hans Dieter Schwarze, dem Intendanten, der an seinem Theater eine Truppe aufbauen wollte, und ihm einen Brief geschrieben.

So kam ich nach Castrop-Rauxel zu Hans Dieter Schwarze, der für mich so wichtig wurde. Und nach der ersten Spielzeit kam auch schon das erste Filmangebot.

Vor unserem Haus in Erlangen –
kurz bevor ich nach München ging

»Jagdszenen aus Niederbayern«

5. August 1968
Liebe Angela!
Soeben erhielt ich den Anruf von der Produktion, dass der Vertrag perfekt ist. Meinen herzlichen Glückwunsch und toi toi toi für Ihre Filmarbeit! Wie verabredet beurlauben wir Sie für die Monate August und September. Die Gage für diese beiden Monate entfällt. Ich muss Sie darauf aufmerksam machen, dass wir Sie dringend am 1.10.1968 wieder brauchen, menschlich wie künstlerisch, und dass es nicht nur dem Intendanten, sondern auch anderen Mitgliedern sehr lieb wäre, wenn Sie ein paar Tage früher kämen. Ich darf Sie noch einmal daran erinnern, dass wir uns gestern einig waren, dass, wenn hoffentlich weitere Filmchancen für Sie kommen, diese Filmchancen erst im Sommer nächsten Jahres von Ihnen genutzt werden können. Über die Termine würden wir uns beide einig werden. Aufgrund Ihrer Zusage, auch die Spielzeit 1969/70 bei uns zu bleiben, habe ich mich gestern mit großem Vergnügen an den Entwurf unserer zweiten gemeinsamen Spielzeit gesetzt, und

ich bin eigentlich fest entschlossen, mit der Rosalind – das heißt also WIE ES EUCH GEFÄLLT – die Spielzeit zu eröffnen. Mit kräftigem »toi toi toi« für Ihre Filmarbeit bin ich immer Ihr alter Freund
Hans Dieter Schwarze, Intendant

Für Probeaufnahmen flog ich nach München. Herr Costa, der Produktionsleiter, holte mich am Flughafen ab. Es war Nacht und es regnete in Strömen. Ich döste, Herr Costa sagte noch »Rutsch runter« – als sich der Wagen plötzlich überschlägt und auf dem Dach im Graben landet. Ich sehe nur die Hand von Herrn Costa, Blut, krieche aus dem Wagen die Böschung hoch und versuche, ein Auto anzuhalten. Ich sehe wahrscheinlich verheerend aus. Endlich kommt ein Auto, ich winke, und die Frau im Auto schreit »Rühr nicht an! Rühr nicht an!« Der Mann fährt weiter. Etwas später kommt ein Lastwagen, der Fahrer benachrichtigt vom nächsten Ort aus die Polizei. Im Krankenwagen werden wir in eine Klinik gebracht. Ich höre nur Herrn Costa auf der Trage im Flur der katholischen Klinik vor Schmerzen schreien und die Krankenschwester, die schrill fragt: »Ist er katholisch?«

Am nächsten Tag fanden die Probeaufnahmen für den Film »Jagdszenen aus Niederbayern« statt. Ich war von dem Unfall völlig verschwollen und stand unter Schock.

Wieder zurück in Castrop-Rauxel bekam ich die Nachricht, dass ich die Rolle der Dorfhure Hannelore spielen soll. Es war meine erste Filmrolle.

Die Dreharbeiten mit dem Regisseur Peter Fleischmann waren nicht so leicht für mich. Wir sollten alle im selben Hotel wohnen. Aber ich suchte mir bald ein Zimmer in einem Dorfgasthaus in Unholzing, dem Drehort. Das gefiel Fleischmann nicht. Das ganze Dorf spielte in dem Film mit. Lauter Laienschauspieler, und ich war eine von ihnen.

In einer Szene wird Hannelore von einem Tippelbruder vergewaltigt. Es war ein echter Tippelbruder mit einem Holzbein, der sich auf mich werfen musste. Er lag auf mir, brachte vor lauter Aufregung seinen Text nicht heraus, und ich habe ihm leise seine drei Sätze ins Ohr gesprochen.

Zwei Tage später sollte die Szene aus technischen Gründen wiederholt werden. Diese für mich grauenhafte Szene noch einmal? Mir kamen die Tränen. Fleischmann legte seinen Arm um mich und sagte: »Jetzt fotografier ich dich wieder von vorn.«

»Jagdszenen aus Niederbayern« ist mein Lieblingsfilm. All das Ungestüme, Unbefangene, Freie, das ich damals in dem Film hatte, sehe ich jetzt wieder an meiner Tochter Nele, wie sie und ihre Kolleginnen am RambaZamba Theater spielen.

Meine erste Filmrolle …

… als Dorfhure Hannelore, 1969

Mit Hanna Schygulla bei den Dreharbeiten zu »Jagdszenen aus Niederbayern«

»Die verlorene Ehre der Katharina Blum«

Ich lernte Heinrich Böll ein Jahr später kennen bei der Premiere des Fernsehfilms von Hans Dieter Schwarze »Ende einer Dienstfahrt«, in dem ich eine kleine Rolle hatte. Eine Barfrau. Er kam auf mich zu, gab mir die Hand und sagte so etwas wie: »Sie waren die reizendste Fehlbesetzung.« Er war mir sofort ganz nah. Als würden wir uns kennen. Er war für mich wie ein Vater. Er hat mich Volker Schlöndorff als Katharina Blum vorgeschlagen.

Es war mein zweiter großer Film und ich spielte die Hauptrolle. Aber ich war im Filmgeschäft noch immer eine Anfängerin. Hatte keine Ahnung, woher das Licht kommt, wo meine Schokoladenseite ist. Ich nehme immer alles um mich herum so stark wahr. Bekomme von den vielen Menschen, die beim Drehen ständig um einen herumwuseln, so viel mit. Die vielen Gesichter, diese Leben, die man nur für so kurze Zeit sieht. Das beschäftigte mich. Volker Schlöndorff spürte das, und ich glaube, es machte ihn nervös. Bei dem Film »Die Blechtrommel« war es dann ganz anders, da kannten wir uns und vertrauten uns.

Ich bekam nach dem Film nicht nur Lob. Ich bekam schlimme Briefe, sogar nach Hause, in denen ich als Kommunistensau und Terroristin beschimpft wurde. Den Film haben viele Menschen gesehen und glaubten mich zu kennen. Vor allem die Polizei, die mich offenbar mit den Fotos auf den Fahndungsplakaten der RAF verwechselte. Das Plakat des Films »Katharina Blum« hing zur gleichen Zeit an den Litfaßsäulen und an den Flughäfen. Ich bin mehr als einmal angezeigt worden.

Mir war, während wir drehten, gar nicht so klar, wie politisch der Film war, welche Rolle ich darin spielte. Für die einen war ich eine Heldin, für andere eine Terroristin.

Ich war nicht besonders politisch engagiert. Ich hatte einen großen Freiheitswillen. Wir sind von zu Hause weggegangen und wollten doch alles hinter uns lassen, was unsere Eltern beschwert hat. Damals ging ja die Welt noch nicht unter, sie ging auf!

Als Katharina Blum, 1975

Wie im Film

Ich habe viele Geschichten mit der Polizei erlebt, in die ich unversehens reingeraten bin. Einmal wurde ich in meinem Peugeot 203 bis vor meine Haustür in Berlin verfolgt. Mit Maschinengewehren durchsuchten sie eines Nachts meine Wohnung, als ich nicht zu Hause war und Freunde darin übernachteten. Und in Italien wurde ich sogar festgenommen.

Ich kam mir vor wie im Kino, als sei ich Katharina Blum.

Ich spielte 1986 in einem italienischen Film, »Un altare per la madre«. Ich hatte einen Tag drehfrei, mir Käse und Wein gekauft und schlenderte durch die kleine italienische Stadt. Plötzlich kam ein Polizeiauto angerast, die Carabinieri sprangen heraus, hielten mich fest und verlangten meinen Pass. Ich habe mich gewehrt und gesagt, dass ich hier einen Film mit Franco Nero drehe. Das glaubten sie mir nicht, legten mir Handschellen an und schmissen mich auf die Rückbank hinten ins Auto.

5. September 1986
Ich sitze hier im Polizeirevier von Pordenone. Lauter dumme Gesichter. Ich stelle für sie nichts dar, bin einfach anders angezogen als die Leute hier. Vielleicht türkisch oder sonstwie. Kein Mensch weiß hier nichts. Niente. Die Putzfrau kommt und gibt mir wenigstens einen Blick, der Polizist gähnt und gähnt. Eine Polizistin kam, zog Gummihandschuhe an und wollte mir in den Arsch greifen – wie in Katharina Blum. Nein!!! Ich hab mich zum Glück wehren können. Sie streifte die Gummidinger wieder ab, schaute zum Polizisten, der zuckte die Achseln, streifte sie wieder über, aber ich muss wohl so entschieden und wie zu allem entschlossen geguckt haben, dass sie ängstlich, ohne mich anzurühren rückwärts aus dem Zimmer ging. Wie ist die Welt dumm! Eben geht die Klappe zwischen den beiden Räumen auf und zu – man beobachtet mich. Jetzt schreibe ich auch noch. Ich hab selten so dumme Gesichter gesehen.

Als ich mich gegen die zwei Polizisten gewehrt habe, weil sie mich so grob angepackt haben und ihnen ins Gesicht sagte sie seien so stupido, rissen sie meinen Arm nach hinten und legten mir Handschellen an. Und dann – als hätten sie den größten Fang gemacht – rasten sie mit Blaulicht alle Autos überholend, ich wurde hinten im Wagen hin und her geworfen, zum Polizeipräsidium. Wie zwei Gockel rissen sie mich aus dem Wagen. Ich lachte sie aus und sagte, wie dumm sie doch seien, bis ich merkte, dass einer von beiden schon die Hand erhob, dass er vor Wut zu allem fähig wäre, er hätte mich erschossen, hätte ich auch nur versucht abzuhauen. Dann wurde ich ruhig und Tränen schossen mir aus den Augen. Ich habe es sogar geschafft, meine eingekauften Sachen zu essen. Habe eine halbe Flasche Pinot Grigio ausgetrunken, bis endlich die Produktion kam und mich befreite. Wäre ich nicht l'actrice A. Winkler würde ich jetzt immer noch da sitzen. Sie sagten, ich sähe aus wie eine Zigeunerin. Die säße wohl wochenlang im Kerker. Mit Zigeunern können sie wohl alles machen. Wo ist da die Gerechtigkeit. Sobald einer in einer Uniform steckt, darf er alles machen.

Allmählich hatte ich erfahren, dass sie mich in meinem Trödelkleid und mit der Plastiktüte für eine Zigeunerin hielten, die in ein Juweliergeschäft eingebrochen war und Schmuck gestohlen hatte. Erst am Abend konnte mich die Filmproduktion auslösen. Die Polizisten haben gemerkt, dass sie sich geirrt hatten, und haben, damit man ihnen keine Probleme macht, behauptet, ich hätte sie krankenhausreif geschlagen. Dagegen stand ja allein meine Aussage. Ich hatte einen Prozess am Leib. Ich sollte 1000 DM zahlen oder ein Jahr lang nicht nach Italien einreisen dürfen. Zum Glück hat ein Berliner Anwalt dieses Problem für mich gelöst.

Nach jedem Kind habe ich einen Film gedreht

Die Reihenfolge meiner Filme rechne ich an meinen Kindern aus. Der Film »Die verlorene Ehre der Katharina Blum« war nach der Geburt von Luca.

Bei meinem nächsten Film, »Deutschland im Herbst«, wieder mit Volker Schlöndorff, war ich mit meinem zweiten Sohn Tammo hochschwanger. Deswegen gibt es darin von mir nur Großaufnahmen, die Kamera zeigt mich nur bis zur Brust.

»Die Blechtrommel« drehte ich nach Tammos Geburt. Luca, mein erster Sohn, war vier Jahre alt. Er sollte im Film das Kind von Katharina Thalbach spielen. Frühmorgens wurde er zum Drehen abgeholt, bekam die Haare abgeschnitten und musste zum x-ten Mal in der Szene – immer wieder, wenn der Zug wegfuhr – »Babka, Babka!« rufen. Luca wollte um nichts auf der Welt weiter mitspielen. Die Produktion hat ihm sogar ein Fahrrad versprochen, aber er war nicht mehr dazu zu bewegen.

Damals lebten wir in Montalto in unserer Mühle. Als der Film zum Internationalen Filmfestival nach Cannes eingeladen wurde, kamen wir, Wigand, Luca und Tammo, unser Hund Löbleböb und ich, nach der langen Fahrt mit dem Auto gerade noch rechtzeitig zur Eröffnung des Festivals. Volker Schlöndorff stand oben auf der Treppe und rief: »Kommt schnell, schnell«, und wir, jeder mit einem Kind auf dem Arm, stürmten die Treppe mit dem roten Teppich hoch. Hinter uns schlossen sich die Türen.

Wir wohnten im Grandhotel, hatten sogar eine ganze Suite, wurden bedient von Kellnern in roten Livreen, die uns auf goldenen Tabletts das Essen servierten. Die Kinder konnten rumtoben wie sie wollten, und Löbleböb konnte seinen Haufen sogar mitten in die Marmorhalle setzen, ohne dass sich irgendjemand aufgeregt hätte.

Das war wirklich Luxus!

Direkt nach Neles Geburt drehte ich »Danton« mit Gérard Depardieu in der Regie von Andrzej Wajda.

Paris, 1982
Heute ist Dienstag, 29. Juni, ein freier Tag, habe zwei mongoloide Kinder gesehen, eine 4-Jährige, rund wie Tammo, fest, nur ein bisschen tapsig, rundes starkes Chinesengesicht. Eben ein Mädchen mit stark

vorgewölbter Stirn, von gutaussehenden jungen Eltern gehalten. »Gehobenen«. In Paris bewegen sich die Menschen als hätten sie eine Aufziehuhr im Rücken, die abspult wie bei Olympia in Offenbachs »Hoffmanns Erzählungen«. Mutti hat heute Fotos von Nelchen geschickt. Endlich. Ein sehr liebes ist dabei. Bei den andern hat es mich wieder zerrissen. Ich hatte einen ganzen Film von ihr verknipst, hab sie zwischen Blumen gelegt ins hohe Gras mit Spitzenmützchen, auf bunten Stoffen, aber es war kein Film drin.
Wenn ich die Menschen im Flughafen anschaue, bin ich froh, Nelchen zu haben. Nele hat eine große Zärtlichkeit und Verletzlichkeit im Wesen. Ich sehe so viel Unzufriedenheit, Stumpfes, Zugedecktes in Aktenkoffern.

Nele war, während ich drehte, bei meiner Mutter. Sie hat mir sehr geholfen. Ich konnte wieder arbeiten und entdeckte eine neue, andere Radikalität an mir. Auf einmal war mir klar, weshalb ich diesen Beruf so liebe: weil ich ihm nicht ausweichen kann und will.

Ich versuche, wahr und einfach zu sein. Aber manchmal habe ich keinen Schutzmantel um mich.

Wenn ich den Film »Danton« heute sehe, sehe ich meinen Augen noch an, was ich gerade erlebt habe. Ich musste als Lucile ein Baby im Arm haben. Das habe ich fast nicht geschafft.

Paris, 1982

Ich habe wieder den »freien Blick«. Für ein paar Tage habe ich richtig mein Nelchen vergessen und mir sind nicht mehr die verfluchten Tränen in die Augen geschossen. Dank Wajda und den herausschreienden Polen. Manchmal tut Luxus ganz gut. Ich sitze wieder mal im Flugzeug und wundere mich nur, alles wird bezahlt, die vielen teuren Flüge, das Hotel. Und ich sitze hier in dem alten lila Kleid mit der rosa angehauchten Spitze am V-Ausschnitt und in der ollen braunen Cordjacke, schwitze und rieche nicht nach teurem Parfum. Ich fliege jetzt so oft, dass ich denke, eine Maschine müsste doch mal abstürzen. Mein kleines Nelchen, sie ist so rührend, so klein.

Doris habe ich wiedergesehen und das 1. Mal nichts erzählt, gab mich frisch, mutig, wie sie mich kennengelernt haben. Das ist ein gutes Zeichen. Es sitzt mir also nicht mehr so in der Kehle, frisst mich innerlich nicht mehr auf. Ich kann jetzt schon ein bisschen damit umgehen.

Nein! Gestern beim tollsten Essen im Zelt, es gab Wachteln, Artischocken, ich saß neben Wajda, gegenüber Igor Luther, dem Kameramann, alle sehr lieb und aufmerksam zu mir, da schießt es doch plötzlich wieder in die Augen, nachdem der nette Assistent gesagt hatte, ich sähe so traurig aus. Ich

kann nichts machen. Man merkt es natürlich. Igor schenkt mir Rotwein nach, ich lache, versuche mich zu beherrschen, spreche über das Essen, lache. Ich hab es dann geschafft, harte Arbeit ist das für mich, meiner Gefühle Herr zu werden, immer kommen sie wieder hoch.
Ich habe dann eine tolle Arbeit mit Wajda geleistet, ich war so entnervt und doch so hart in der Szene, wie wir es am Abend vorher besprochen hatten. Gérard Depardieu gab nach dem Drehen ein Sauf- und Essfest. Wodka gabs und roten Kaviar! Der 2. Kameraassistent ist Italiener und spricht nur über Essen. Als ich mit Wajda sprach, schossen die Tränen wieder hoch, weil er so aufmerksam zu mir ist. Er will in seinem Film Strenge und Klarheit, ein klares Ja, ein klares Nein, keine Umwege, kein Gemauschel, keine Angst, Stolz. Polnische Frauen. Das hat mir geholfen. Polnische Frau. Klar arbeiten wie auf dem Theater, wie mit Peter Stein. Und dann haben wir gearbeitet. Ich hätte gestern alles hingekriegt. Die Tränen, die Gefühle liefen mir nur so aus den Augen und trotzdem war ich starr. Statue, sagte mir Igor, denk an eine Statue. Sie kann nicht mehr, die Lucile, hält aber ihre äußere Hülle aufrecht, entsetzlich aufrecht, sonst würde sie zusammenbrechen. Ich bin froh. Ich kann also noch gut sein. Hab gespielt wie auf den Proben bei Grüber. »Die Wahrheit!! Die Wahrheit!!« als Stieftochter im Pirandello. Wajda

ist ein unerbittlicher Regisseur, der nichts durchgehen lässt. Ich bin so froh, mit ihm zu arbeiten. Das Private verschwindet und das große Menschendasein steht im Vordergrund. Mein kleines privates Schicksal. Für das große vergießt man nie so viel Tränen wie für das kleine, private.

Als Lucile in »Danton«, 1983.
Mit Patrice Chéreau als Camille

Mit Mario Adorf und David Bennent in »Die Blechtrommel«, 1975

Nele

Almeria, 20. März 1982
Heute ist der 20. März, das Baby, una niña, ist gegen 5 Uhr auf die Welt gekommen. Mit den Füßen voran. Es ist klein, wiegt nur 2,8 kg. Ich wusste seit Mittag, dass es kommt, und habe noch ganz in Ruhe für Wigand gekocht, die Kinder sind um 13 Uhr zur Oma hoch, um bei ihr zu essen. Ich hab dann in Ruhe an den Rias geschrieben und abgesagt und mein Köfferchen gepackt. Das Nachthemd repariert, den Ärmel von Lucas gelbem Pullover zu Ende gestrickt. Dann sind wir durch die Schuttwüste mit dem Rappelauto nach Almeria ins Krankenhaus gefahren. Kamen im Krankenhaus an, die Wehen waren schon alle drei Minuten. Dr. Lara kam, die Hebamme kam, ab ins Entbindungszimmer, alles gleich weiß, ohne Horrorapparate.
Dr. Lara zog Gummihandschuhe an, sagte, es kommt gleich raus, er sieht schon den Fuß, es kamen drei stärkere Wehen, dann, während dieser Wehen, auf diesen Stuhl gezerrt von der Hebamme, das war am schlimmsten, weil ich die nächste Wehe abwarten

wollte. Es kam eine Presswehe, und mit dem Fruchtwasser kamen »Mareikes« Füßchen und Beine und – una niña, sagte der Arzt. Dann kam sie, der Kopf etwas plattgedrückt, weil er ja immer an die Bauchdecke stieß.

Jetzt lieg ich hier, das Baby neben mir. Hab ja keine Beziehung zu ihm. Schon komisch, ich seh es noch gar nicht als ein Mädchen. Wir hatten uns doch so sehr eins ersehnt. Gestern Nacht sind Wigand und ich alle Namen durchgegangen. Jule, Nele, Pola, Mona, Lou, Ainu. Sie ist so klein die »Mareike«. Oh, ich hatte einen Hunger! Gott sei Dank hat Wigand ein leckeres Schinkenbrot mitgebracht und ein Bier. Jetzt ist es halbneun. Ich bin müde!!! Sie hat schwarze Haare. Hoffentlich ist sie nicht mongoloid. Aber ich wäre dann, glaube ich, nicht so ruhig. Es schläft. Ich schau es ganz sachlich an und sehe Tsching Tschang Shiny. Oh Gott, ich find es hässlich, nicht süß chinesisch. Hoffentlich, hoffentlich!!! Mir geht es ja auch so gut, hab es ruckzuck rausgekriegt, vielleicht habe ich deshalb keine Beziehung zu ihm. Eben, als es schrie, habe ich es beruhigen können, das hat mir gefallen. Schläft es jetzt?

9 Uhr 30. Eben kam Dr. Lara, gleich wird das Baby ärztlich untersucht. Der Arzt ist immer in Eile, er raucht viel.

Nacht zum Sonntag
Das Baby liegt neben mir. Ich bin sehr froh und jetzt sicher, dass es kein kleiner Mongo ist, obwohl Mareike sehr chinesisch aussieht. Ich bekomme allmählich Beziehung zu ihr.

21. März, nachmittags
1. Tag nach der Geburt, die Nachwehen sind nicht schlimm. Ainu ist so lieb. Sie sieht auch nicht mehr so mongo aus, sie ist eine niedliche kleine Chinesin. Hab lange mit Mutsch geredet, das tat gut. Diane Bennent sagte: Hab Mut! Joi, ich hab Mut, hab ich gesagt.

Ja, jetzt zeig, wozu du fähig bist, was in dir steckt. Bin ich nicht stark? Ich hab heute die Nacht mit Wigand im Krankenhaus verbracht. Wie gut, dass wir so viel Vertrauen zueinander haben. Wir haben jetzt unser Schicksal.

Es ist so makaber. Die Sonne scheint so. Es ist ein wunderschöner klarer Tag, diese verfluchte spanische Sonne. Ach, sie kann nichts dafür. Aber ich werde wohl nie mehr nach Spanien wollen.

Das hab ich hinter mir. Eben rief Frau Baumbauer an, um mir zu gratulieren. Jetzt muss ich noch Mutti einweihen, dann hab ich die erste Runde geschafft. Geschafft? Nichts hab ich geschafft, nur Tränen. Verdammt, wann werden die wohl versiegen?

Gut, dass ich in meinem Beruf glücklich bin, da kann ich mich reinschmeißen und dann hab ich zwei Monate im Jahr, ab und zu vergessen, nur mich. Es ist das Jahr der Behinderten sagte Wigand heute Morgen. Gestern war Frühlingsanfang. Jetzt sprießen die Schneeglöckchen und die Tulpen und die Osterglocken bald aus der Erde.

Mein Kind ist ein kleiner Mongo und heißt Nele. Das werde ich den Leuten sagen, wenn sie das Baby anschauen wollen und sie es mir wert sind. Ich liebe das Leben genauso wie Wigand. Wir werden es uns nicht kaputtmachen lassen. Ich schau jetzt selbst wie ein Mongo aus. Ganz verschwollen.

22. März.
Gegessen hab ich wenig, gleich versuch ich das Baby an die Brust zu legen, ich merke, dass Milch kommt. Vorhin, vor dem Telefongespräch, habe ich eine halbe Stunde schlafen können, ich lag im Bett und hatte das Laken hochgezogen, um ganz ruhig bei mir zu sein. Sehr gut, dass man schreiben kann, mit jedem Gedanken wird man ein bisschen klarer im Kopf, der schreckliche Wust, der so ein Riesenloch war in der ersten Nacht, wo alles so in Schüben kam bei mir und

Wigand, ist vorbei. Heute holen sie mich ab mit Nele. Ich selbst weine gar nicht. Ich weine um Wigand, um Luca vor allem, der alles mitkriegt, der kleine, gescheite. Ich werde viel Musik machen.

Es ist gut, dass ich den Tag allein im Krankenhaus bin, dann bin ich gefasster, wenn ich die Kinder sehe. Ich muss jetzt an mich denken. Es ist geschehen und das Nelchen wird schon werden. Ich muss jetzt schlank werden, der Bauch muss weg, ich muss frisch aussehen, schließlich will ich gerade jetzt viel arbeiten als Selbstschutz. Ich bin auch auf der Welt und nicht nur Mutter von einem Mongolenkind. Wigand will ich glücklich machen und dazu gehören frische Augen und mit Tammo und Luca will ich weiter herumtoben, endlich wieder nach der langen Schwangerschaft. Ich liebe das Leben, verdammt noch mal.

Wir dürfen nicht hart werden. Aber davor schützen uns die beiden Buben. Wir in unserem Glücksrausch haben es nicht wahrhaben wollen. Wigand hatte sein kleines Mädchen mit schwarzen Haaren, mit dem er später zum Tanzen gehen wollte. Wir haben noch Witze gemacht über die spanische Sprache, dass die so dumm klingt wie von »Mongos«. Wir erzählten von den schrecklichen Losverkäufern hier in Spanien, den verkrüppelten, die nicht versteckt werden. Als ahnten wir es schon, als es der Kinderarzt aussprach und niederschrieb. Das war gestern um 21 Uhr 30.

So. Jetzt ist es vorbei mit der Heulsuserei. Hab mich angezogen und die Lippen geschminkt, die Augen. Hab das Baby süß angezogen mit braunem Jäckchen und rotem Höschen und dem blauen Herzchensack. Wir sehen beide niedlicher aus als alle blöden Leute um uns herum. Ich werde es immer schön bunt anziehen, dann sieht es, solange es klein ist, wie ein kleiner Tsching-Tschang-Shiny aus. Vor allem reagiert es auf mich und hat eben 40 g Milch aus der Flasche getrunken, von der Schrecktante vorhin mit den eiskalten Augen nur 10 g. Ich bekam die Wut und nahm ihr das Baby weg. Das half. Mir gehts gut und Wigand und Luca können jetzt eine mutige und fröhliche Angela abholen. Juchhu, jetzt hab ich mich erst mal wieder.

Ich freu mich, wir werden es schon schaffen. Jetzt können wir endlich in die Mongolei fahren! Da wollte ich schon immer mal hin.

Krautsand

Wir lebten in Krautsand in einem großen Bauernhaus hinter dem Deich an der Elbe. Unser Bauernhaus in Eckwarden, wohin wir von Italien aus gezogen waren, mussten wir nach fünf Jahren aufgeben, weil der Deich vergrößert werden sollte. Wir hatten zwei Kinder, Hühner und Gänse, ein Boot und ein wundervolles altes Haus für 100 DM Miete im Monat. Ich lernte Samen in die Erde stecken und entdeckte meine Liebe zur Gartenarbeit. Von zu Hause aus hatte ich mit Landleben und Gartenarbeit nichts zu tun. Meine Mutter hat in ihrem Leben auch nicht eine Pflanze in den Boden gesteckt. Ich brauche diese Arbeit, um Theater zu spielen. Von dem einen erhole ich mich mit dem anderen. Ich fing an zu fotografieren. Wir richteten uns eine Dunkelkammer ein und entwickelten die Filme selbst.

Eckwarden, 1981
Im März müssen wir den Spieker räumen. Der
Deich wird erweitert. Fünf Jahre wohnten wir hier.
An der roten Backsteinwand wachsen rosa Malven.

Sie sind für mich die schönsten Blumen und überall säe ich sie aus.

Wir suchten eine ähnliche Situation und fanden das große Bauernhaus in Krautsand, mit der Scheune und dem großen Apfelgarten, der irgendwann von uns rundum mit Heckenrosen bepflanzt wurde.

Das Haus stand auf einer Warft hinter dem Deich, es war von der großen Sturmflut ziemlich zerstört worden, zuletzt hatte ein Schäfer mit seinen Schafen darin gelebt. Wir schafften die toten Schafe aus dem Haus und bauten es wieder auf.

Aus den Fenstern sahen wir die riesigen Schiffe auf der Elbe vorbeiziehen, es sah aus, als ob sie über die Wiese fahren, mitten durch die Sumpfdotterblumen, mit denen die Wiese im Sommer übersät war.

Es gab so viele Apfelbäume, sie blühten weißrosa im Frühjahr, und im Spätsommer war Apfelernte. Bald sprachen wir von einer Apfelplage.

Es gab die großen runden, die Pfannkuchenäpfel, die birnenförmigen Äpfel, die Holsteiner Cox, den Finkenwerder Kronprinz, alle die alten Sorten.

Die vielen Apfelbäume auf Krautsand bedeuteten vor allem: arbeiten, arbeiten, arbeiten. Wir sind mit den Kindern im Spätsommer und Frühherbst auf die Leitern gestiegen und haben mit dem Apfelpflücker, einer langen Stange, an der ein Säckchen hängt, das den Apfel auffängt, Apfel für Apfel gepflückt. Liegen sie erst einmal auf dem Boden, bekommen sie braune Stellen und müssen verarbeitet werden. Es gab jeden zweiten Tag Apfelkuchen. Apfelpfannkuchen, Äpfel, aus der Pfanne, gebraten, gedünstet, Äpfel über Äpfel und Wigand machte Apfelwein. Bald stand der ganze Keller voller Most. Ich schleppte unentwegt Kisten voller Äpfel. Wir ließen die »Plage« zu Most verarbeiten. Ich träumte von *einem* Apfelbaum.

Krautsand ist eine Halbinsel nördlich von Stade. Wenn man auf dem Deich stand, sah man in der Ferne, auf der anderen Seite der Elbe, ein großes Atomkraftwerk. Außerdem war da das Dow-Chemiewerk. In meiner Fantasie hängte ich an das Dow ein *n* an, da wurde das Dow zu Down – Downsyndrom. Ich weiß nicht wieso, aber ich war alarmiert und wir wollten weg von dort.

Wir suchten einen Ort, der weit entfernt von Atomkraft und Dow-Werk war. Wir fanden ihn in Frankreich in der Auvergne.

Krautsand, die Nähe zu Hamburg, gaben wir aber nicht auf.

Krautsand im Winter

Linke Seite: Eckwarden im Winter
Rechte Seite: Tammo und Luca auf dem Elbdeich

Mit Luca

Auvergne

Wir hatten in der Auvergne ein altes Bauernhaus gefunden, abgelegen und einsam, hoch oben auf 1.100 Metern. Im nächsten größeren Ort gab es eine kleine Schule mit sechs Kindern. Sollten es noch weniger werden, hatte der Bürgermeister gesagt, müsse er die Schule schließen. Als wir endlich umgezogen waren, liefen uns aus dem Schulhaus die Hühner entgegen. Die Schule war geschlossen.

Provence, 20./21. August 1982
Kann nicht schlafen. Wigand hat heute den Umschlag mit dem vielen Geld, 70.000 DM, dem Bäuerchen gegeben. Es ist Hutzli Putzli, hat er am Telefon gesagt. Was machen wir?
Nele ist krank. Draußen im Schlosshof hüpft eine Elster. Luca und Tammo liegen im Himmelbett. Ich stehe am Fenster. Draußen ist es schon hell. Wieder der wunderschöne Blick, hinten die Berge, die Hügelkette und davor das Pappelwäldchen und die Weinberge.
Armer Wigand, armer Luca, arme Nele …
Was machen wir? Was haben wir gemacht?

Während Wigand den Kauf des Hauses mit dem Bauern abwickelte, war ich zu Dreharbeiten für den Film »Heller Wahn« mit Margarethe von Trotta in der Provence. Ich hatte die Kinder dabei. Wir wohnten in einem Schloss. Ich war in einer wirklich schizophrenen Situation. Schon am Anfang wäre ich am liebsten abgehauen. Mir fiel es schwer, mich an die Dreharbeiten zu gewöhnen, Arbeit und Privatleben zu trennen.

Wir brauchten Geld.

Und dann: »Hutzli Putzli«.

»Hutzli Putzli« bedeutet für Wigand und mich »Tannenbäume«, die wir beide nicht ausstehen können. Etwas Enges, Spießiges, Kleinliches. Das Haus in der Auvergne lag zwar wunderschön, aber der Bauer hatte am Hang zur Loire hinunter junge Tannen angepflanzt. Sie würden bald die Sicht in die weite Landschaft versperren. Tatsächlich hat Wigand eines Nachts in der Schonung Salzlake ausgestreut, damit die Bäumchen eingehen.

Das Haus selbst war verbaut, der Bauer hatte vor, es an Touristen zu vermieten. Alles musste wieder umgebaut werden und es brauchte ein neues Dach. Ich blickte vom Schloss aus in diese südliche weite Landschaft in der Provence und dachte nur: »Oh Tannenbaum.«

November 1982
Auf dem zugeschneiten Friedhof in Salettes fand ich im Schnee ein paar verblichene Plastikblumen. Ich saß da und weinte: »Die Toten leben hier mehr als die Lebenden«. Warum machen wir es uns so schwer? Manchmal habe ich es satt, es mir schwer zu machen, gerade mit Nelchen.
Ich habe Angst vor der Auvergne, ich sehe und höre schon den Herbststurm drüber brausen, sehe Nele röcheln und das Auto springt nicht an, kommt nicht an gegen Sturm und Matsch. Trotzdem denke ich, dass es schön werden kann.

Die Auvergne ist eine arme Gegend. Die Dörfer sind grau und trist. Es gibt wenig Blumen vor den Häusern, und die Fensterläden sind geschlossen, bei den heftigen Stürmen verkriechen sich die Menschen hinter den Gardinen. Im Winter herrschten damals noch häufig zehn bis zwanzig Grad Kälte, zu unserem Haus gab es keinen Weg, nur Matsch, und im Winter Schnee und Eis.

Solange Wigand aus alten Balken einen neuen Dachstuhl zimmerte, Wände einriss und in die dicken Steinmauern Fensteröffnungen schlug, hatten wir im nächstgelegenen Dorf ein kleines Haus gemietet. Ich hatte mir aus der geschlossenen Schule die große Schultafel geholt und beschlossen, die Kinder zu Hause zu unterrichten.

Wir saßen unten im Dorf, während Wigand oben am Haus baute. Wenn Nele in der Mittagspause schlief, rannte ich den Berg hoch zu Wigand, ich hatte eine Stunde Zeit, dann raste ich wieder zurück, ängstlich, ob Nele schon aufgewacht war.

Irgendwann zogen wir alle oben ins Haus, schliefen in unserem alten Transporter auf der Tenne unter offenem Himmel. Das Dach wurde gedeckt und wir stellten ein großes Zelt, ein Tipi, auf der Wiese auf. Am Tag war Schulstunde im Zelt. Wigand und ich grübelten gemeinsam, wie wir das Haus, den großen Raum gestalten wollen, wir zergrübelten das Haus geradezu. Wo sollte der Kamin hin? In diesem Haus, in dem wir so oft schon kalte Füße bekommen hatten.

Immer wieder gab es Katastrophen.

In einem Winter waren wir zwei Wochen lang eingeschneit. Wie in dem türkischen Film »Yol« sehe ich uns, Wigand und mich, mit Nele und Lasse auf dem Arm, mit Luca und Tammo an der Hand, durch den tiefen Schnee kämpfen.

Plötzlich musste Nele ins Krankenhaus. Sie hatte eine Blockade am Herzen. Es war schon seit einiger Zeit die Frage, ob sie einen Herzschrittmacher bekommen soll. Mir kam es damals vor wie ein Hohn, wenn dieses lebhafte, fröhliche Kind mit einer Batterie leben müsste. Sie hat eine solche Kraft in sich, dass alle um sie herum durch diese kleine, starke, lebenshungrige Schwerstkranke Freude geschenkt bekommen.

An Ostern wurde aus einem kleinen Feuer, das wir zum Aufräumen gemacht hatten, rasend schnell ein großes Feuer, das sich sofort ausbreitete. Wir alle schlugen wie wild mit den Ginsterbüschen auf die Flammen ein. Es brannte bald lichterloh bis an den Wald. Drei Männer aus Salettes waren unsere Rettung. Plötzlich standen sie da, bildeten eine Kette und halfen. Wigands Füße waren schwarz, meine Hand hatte eine riesige Blase, und ich hustete den ganzen nächsten Tag. Nele saß dabei und weinte. Es hätte viel schlimmer ausgehen können.

Das Schlimmste aber war, dass unser alter Peugeot 203, das Auto, mit dem ich Wigand kennengelernt hatte, auf einmal mitten auf der Wiese im Feuer stand. Wir hatten den Schlüssel nicht zur Hand, mit dem Schraubenzieher konnte Wigand das Auto gerade noch anlassen und aus dem Feuer fahren.

Wie viele Autos ich mit ihm abgeschleppt habe. Vor allem diese alten Citroëns, das Gangsterauto. Ich hinten in den Autos, ohne Bremsen, bugsierten wir sie von einem Stellplatz zum nächsten. Dadurch lernte ich, mit allen möglichen Autos zu fahren. Auch mit Magirus-Deutz, einem Lastwagen.

Unser Haus liegt sehr einsam auf einem Hügel, im Tal fließt die Loire. Ein rauer und gleichzeitig lieblicher Ort. Im Sommer sehen die Wiesen mit ihren Wildblumen aus wie in alten Kinderbüchern.

Unten am Hang, wo die Wiese feucht war, hoben wir einen Teich aus, auf dem wir im Winter Schlittschuh laufen konnten. Neben den Teich pflanzte Wigand eine Birke, die sich aussäte und wenige Jahre später zu einem kleinen Tschechow-Wald wurde. Er pflanzte um das Haus herum einen Kreis von Bäumen, so wie es auf den alten Fotos zu sehen war, bevor der Bauer sie alle gefällt hatte, um Brennholz zu haben. Ein Kreis von Ebereschen, das sind meine Lieblingsbäume, und eine Esskastanie, das ist Wigands Lieblingsbaum. Eigentlich gedeiht sie nur in etwas wärmeren Gegenden, wir waren hier über 1.000 Meter hoch, aber sie wuchs auch hier. Und an die Quelle oben setzte er zwei italienische Pappeln.

Hier habe ich meinen ersten richtigen Garten angelegt, Gemüse angebaut, Blumen ausgesät und Rosen gepflanzt. Nach zwei Jahren gingen die Jungen in eine richtige Schule in Salettes, sie sollten Französisch lernen, schließlich lebten wir in Frankreich.

Blumen:
Mohn – le pavot
Feldmohn – coque licot
Rittersporn – pied d'alouette
Lupine – la lupin
Pfingstrose – pivonne de chine
Wicken – pois de senteur
Akelein – Aucolie
Schwertlilie – l'iris des jardins
Sonnenblume – soleil tournesol
Fingerhut – digitale
Cosmea – cosmos

1983
Mir geht es seit Wochen saugut. Ich fühl mich wieder zu allem fähig. Ich mag mein neues Kleid sehr, goldbraun mit schwarzen Streifen, ich bin braun und die Farbe geht in die Haut über, es ist streng und schlicht und sieht aus wie ein altes Kleid. Ich habe offenbar die Gabe, neue Sachen, die wie alte Sachen aussehen, aufzustöbern. Das Land ist seit Wochen wunderschön, es blüht und blüht. Es duftet und der Kuckuck kuckuckt immer noch.

Januar 1984
Luca und Tammo kommen an mit roten verschneiten Gesichtern. Wir sitzen am Kamin und essen Bratäpfel. 20 Grad Minus soll es sein. Wigand ruft an. Er steht

auf der Piste und kann nicht vor und zurück. Alles ist eingefroren. Es ist bald Mitternacht. Viertel nach 2 kam Wigand an als Eiszapfen.

Endlich hat das Wetter gewechselt. Es taut. Luca und Tammo gehen zur Schule in Salettes! Heute schon am 3. Tag. Um 7 Uhr 30 wecke ich sie und um 8 laufen sie in ihren Schneeanzügen den Berg zur Straße hinunter. Der Bauer aus Gramaize lädt sie dann auf und fährt sie zur Schule. Um 4 Uhr ist die Schule aus und der Bauer fährt sie dann nach oben bis Chazeaux. Von da laufen sie den Höhenweg bis zum Haus und sammeln auf dem Weg trockenen Ginster für das Kaminfeuer. Abends sitzen wir zusammen und machen Hausaufgaben. Die Jungen sind bis jetzt begeistert. Nele freut sich riesig, wenn die beiden nachmittags anstürmen. Sie haben dann Riesenhunger. Mittags essen sie in Gramaize gegenüber der Schule bei zwei alten Frauen. Mutter und Tochter. Als Nachtisch gibt es jeden Tag ein kleines Dreieck »La Vache qui rit«.

Juni 1985
Wie geht es uns gut! Das Land ist schön. Das Haus ist verputzt worden. Wir schlafen oben. Ich habe die schönsten Blumensträuße gepflückt. Margeriten mit Mohn und Iris, Kuckucksnelken und Butterblumen, Vergissmeinnicht und Flieder und

Schneeball. Das Land ist gelb von jungem duftenden Ginster. Die Kastanien haben Kerzen, endlich, sie haben »angebissen«. Mein Bauch ist schon sehr rund. Es wird ein Junge!
Wo krieg ich das Baby? Der Name Lasse gefällt mir.

Paris, 20. Oktober 1985
Am 10. Oktober um 15 Uhr 10 kam Lasse zur Welt. 8 kg schwer, ein kräftiger Kerl mit schwarzem Haar. Ich genieße die Ruhe und den Komfort. Seit dem 5. Oktober lebe ich in der Wohnung von Volker und Margarethe in der Rue V. Masse am Pigalle. Habe Grübers »Lear« bis zur Pause gesehen. Wie freue ich mich auf die Arbeit mit ihm.

Die Abgeschiedenheit war immer dann ein Problem, wenn etwas mit Nele passiert ist.

18. Januar 1984
Wir sind in Erlangen. Heute ist Nelchen operiert worden. Sie ringt mit dem Tod. Um 10 Uhr habe ich sie vor den Operationssaal geschoben. Die Operation dauerte bis 17 Uhr.
Um 18 Uhr stand ich mit Luca und Tammo vor der Intensivstation. Den Nachmittag über hatten wir Gocarts im Kaufhof angeschaut. Das ist Tammos größter Wunsch.

30. Januar
Der Tubus ist raus! Sie weint! Sie lebt! Sie hat eben ihren alten kiebichen Ausdruck gehabt als ich sie anlachte.

1. Februar
Nelchen lebt, sie isst, sie lächelt. Ich saß von morgens bis abends an ihrem Bettchen und war überglücklich. Sie lag ganz ruhig und spürte, dass ich da war. Sie ist jetzt auf der Kinderstation. Noch 10 Tage, dann wird sie entlassen!

Ich habe in der Zeit eine große Sehnsucht nach Klarheit, ja nach Härte in mir gespürt. Wenn man eine Woche lang um das Leben eines Kindes bangt, auf der Intensivstation wartet, wird man nach und nach etwas ruhig, etwas in einem schaltet sich aus. Deswegen überlebt man. Man kann nicht ständig vor Empfindung geschüttelt sein. Man steht vor Tatsachen. Man muss sich entscheiden.

Deswegen fuhr ich nicht zur Filmpremiere von »Heller Wahn« nach Rom.

Nele war sehr oft im Krankenhaus. Wenn ich im Zug saß auf dem Weg zu ihr, stellte ich mir vor, ich sei frei. Als Mutter macht man sich so abhängig von den Kindern. Man wird unbeweglich und unfrei in seinen Handlungen. Davor habe ich mich immer in

Acht genommen, dass ich meine Art, spontane Entschlüsse zu treffen, nicht verliere.

Was ist ein Sorgenkind? Ein Kind, von dem man als Mutter denkt, es wird ihm später nicht gut gehen in der Welt, weil sie es für zu sensibel, zu passiv, zu faul, zu böse, zu lieb hält. Nele ist also kein Sorgenkind. Sie ist behindert, und das sieht jeder und verhält sich entsprechend. Und: Nele ist in sich glücklich. Sie bekommt nur Liebe und Aufmerksamkeit und alle Rücksichtnahme. Ein »gesundes« Kind hat es da schwerer. Man misst es an Maßstäben, man vergleicht es mit anderen »gesunden« Kindern und verlangt etwas von ihm. Von Nele verlangt man nichts. Man nimmt sie wie sie ist und freut sich.

La Sagneyre

Manchmal kam es mir vor als sei ich ganz aus der Welt

Manchmal kam es mir in der Auvergne schon so vor, als sei ich ganz aus der Welt. Ich war ja Mutter von vier Kindern. Ich musste immer machen, machen, machen. Zwar kamen Angebote – sogar Hollywood hat einmal angerufen! –, aber entweder kam ich nicht weg von dort oder ich hatte einfach keine Lust. In Frankreich habe ich immer wieder kleinere Sachen gemacht. Die Franzosen liebten den »jungen deutschen Film«, und ich war für sie so etwas wie eine Ikone, zumal ich in Frankreich lebte und schnell erreichbar war. Ich fuhr nach Straßburg oder nach Paris für Aufnahmen oder Arbeiten, die nur ein paar Tage dauerten. Und Wigand hatte seine Aufträge als Bildhauer. Wenn man auf dem Land lebt, braucht man nicht viel Geld. In der Stadt ist das etwas anderes. Da musst du Geld verdienen.

In ein festes Engagement wollte ich nicht. Ich hatte meine Regisseure, Klaus Michael Grüber und Peter Zadek, die mich dahin holten, wo sie gerade inszenierten. Wenn ich hörte, dass etwas Neues gegründet werden sollte, war ich schon neugierig. Ich dachte, vielleicht hat da jemand neue Ideen. Das war für mich wie »Komm, wir suchen eine Ruine und bauen sie auf!«. Das interessiert mich mehr als der Beruf.

Ich will nach etwas Neuem greifen und sehen, ob es angeht, ob es wächst. In der Bretagne habe ich entdeckt, dass der Rittersporn als Staude da nicht wächst. Die Salzluft verträgt er nicht. Aber dafür wächst der jährliche Rittersporn ganz wunderbar rosa und blau. Ich finde das Leben in der Natur aufregend. Das hat Farbe und Fantasie, ob es die Vögel sind, die zwitschern, der Wind und das Wetter. Man kann so viel lernen und in die Arbeit mitbringen. Ich habe das, wenn ich arbeite, alles in meinem Kopf. Sagt Hamlet einen Satz über das Unkraut, sehe ich das Herkuleskraut vor mir, das keine Feinde hat, riesengroß und nicht auszurotten ist.

Ich will zwar nicht fest in einem Ensemble sein, aber ich brauche Partner. Ich muss jemandem zuhören können. Wenn ich jemandem zuhören kann, kann ich auch mit ihm spielen. Wenn ich seine Art zu denken oder zu sprechen nicht verstehe, fällt es mir schwer, und ich will es auch nicht. Die Kunst von Peter Zadek und Klaus Michael Grüber bestand auch darin, ein Ensemble zu bilden, Schauspieler zu suchen, die miteinander spielen konnten und ich mit ihnen. Manchmal kommt es mir so vor, als habe Zadek mich geholt, gerade um ein anderes Tempo, ein anderes Klima in die Arbeit zu tragen. Er hat oft absichtlich jemanden in seinem Ensemble gehabt, der weniger gekonnt spielte als die anderen, eher um zu stören. Ich war, glaube ich, auch so etwas für ihn. Eine andere Beweglichkeit und Langsamkeit. Eine Art Sand im Getriebe. Weshalb mich sicher manche Kollegen auch nicht ausstehen können. Oft wird von Zadeks »Theaterfamilie« gesprochen. Familie habe ich selber, die suche ich im Theater nicht. Richtige Freunde findet man ja auch kaum im Theater, obwohl wir uns in der Arbeit oft so nahekommen, wie kaum mit anderen Menschen. Der Beruf ist für mich das, womit ich Geld verdiene, Erfolg habe. Er ist für mich wie ein Geschenk.

Luca und Nele

Tammo, Nele und Luca

Nele und Lasse

Es macht Spaß, auf neuen Wegen zu gehen

Kaum dachte ich, nachdem wir jahrelang in der Auvergne gewesen waren, ich will wieder spielen, kam ein Anruf von Klaus Michael Grüber. Er wird bei den Salzburger Festspielen »Prometheus, gefesselt« inszenieren, mit Bruno Ganz als Prometheus, und ich soll die Io spielen. Wir wollten sowieso wieder zurück nach Deutschland. Lange genug hatten wir in der Einsamkeit gelebt. Zurück nach Krautsand. Luca und Tammo kamen dort in eine Waldorfschule, und ich fuhr mit Nele und Lasse und meiner Mutter nach Salzburg. Wir wohnten am Hintersee auf einem Bauernhof. Ich fuhr mit dem Bus zu den Proben ins Festspielhaus. Obwohl ich doch so lange nicht gearbeitet hatte, war es sofort so, als hätte ich nicht fünf Jahre auf dem Land ohne Theater gelebt.

Mit Grüber verband mich von Anfang an so etwas wie eine Seelenverwandtschaft. Ich wusste, er würde mich immer wieder holen, mit ihm würde ich mein ganzes Leben zusammenarbeiten.

Bevor wir in die Auvergne gegangen waren, hatte ich in Berlin in seiner Inszenierung von »Sechs Personen suchen einen Autor« von Luigi Pirandello die Stieftochter gespielt. Eine unglaublich schöne Inszenierung an der Freien Volksbühne in Berlin, in die kein Mensch kam. Es war zu leise, zu dunkel, wir spielten manchmal vor zwanzig Zuschauern, bis Luc Bondy im *Spiegel* eine Hymne darüber schrieb. Von da an war das Theater brechend voll und wurde zum Mekka der Theaterleute.

Bei Grüber fühlte ich mich sofort aufgehoben. Ich musste gar nicht spielen. Ich konnte endlos lange Pausen machen, ohne dass er mich gestört hat. Er hat mich nie gestört. Bei Peter Stein hatte ich immer das Gefühl, dass ich ihn störe. »Sei einfach und stolz« hat Grüber mir auf einen kleinen Zettel geschrieben. Den steckte ich bei jeder Aufführung in meinen Schuh.

Mailand, November 1987
Ich bin seit vorgestern in Mailand und sitze in der Osteria. Grüber sagt, ich gebe ihm so viel Mut. Ich soll die Antigone auf Italienisch spielen. Um mich herum lauter richtige Mannsbilder. Zum Beispiel Ralf Vallone. Er sieht aus wie eine Kröte mit einem zu kleinen Kopf. Eben bin ich auf 40 geschätzt worden. Ein Rekord! Ich fühle mich so jung trotz aller Schwere im Hintergrund.

Grüber will mich ganz flüchtig, der italienische Text, Hölderlin!, muss aus dem Mund fließen. Er will aber nicht, dass ich einen Sprachcoach bekomme. Ich soll die Fremde sein! In gleißender Helle, Sonnenlicht, Mittagslicht will er die Begegnung zwischen Kreon und Antigone. Wie an einem Faden gezogen gehen wir aufeinander zu. Ich bin nur Augen und Mund und höre und staune. Die Worte sollen ganz schnell aus mir heraussprudeln, dadurch wird sie gefährlicher, als wenn sie bewusst die Worte setzt.
Tja, und jetzt hatte ich meinen Text so gut gelernt und nun ist es ein anderer. Sie haben mir eine neue Übersetzung nicht zugeschickt. Shit. Jetzt muss ich lernen, lernen, lernen. So lerne ich italienisch.
Ich möchte bald Lasse zu mir holen, ich brauche Ablenkung und muss mich freischütteln können, mit ihm spielen und herumtoben. Ich habe noch Erde von Krautsand unter den Fingernägeln, ich habe vor der Abreise noch schnell Schneeglöckchen eingebuddelt.
Grüber spricht viel besser italienisch als deutsch. Ich hab auf einmal auch so sprechen können wie er, mich aber verheddert … Es macht Spaß auf neuen Wegen zu gehen

Mailand ist dreckig und hat schlechte Luft. Es gefällt mir hier gar nicht. Ich sehe keine Kinder. Wenn ich mir Lasse hier vorstelle mit seinem runden Gesichtchen.

Die Probe war gut! Das Italienisch fängt an, aus meinem Mund zu fließen.
Meine geliebten Schuhe, die feinen, die inzwischen vom vielen Mailandlaufen ganz zerfleddert sind, weswegen mich die Verkäuferinnen so hochnäsig angeschaut haben, die kommen zu Ehren. Ich habe sie auf der Probe angehabt und sie gefallen Grüber. Ich werde sie bestimmt als Antigone tragen.

War wieder auf dem Markt. Ein kleines Mädchen saß in einem Lieferwagen, 10 Jahre alt, mongoloid wie Nele, ein süßes offenes Gesicht. Sie sprach mit mir ganz frei. Gestern habe ich bei ihrer Mutter schon Obst gekauft. Sie hat fünf Kinder. Ich kann mit den Leuten sprechen, meine Augen werden groß. Ich fange an, Mailand zu lieben. Es ist eine harte Stadt. Wie Berlin. Nichts lullt einen ein.
Für mich heißt Theaterspielen auch, die Kinderkacke wegzumachen, und ich möchte, dass das immer zu spüren ist: eine große Liebe und Verantwortung zum Kleinen, Hässlichen, Schrägen.
Ich ziehe meine Kraft aus den Dissonanzen. Ich möchte keine Kunst vorführen, ich möchte rigoros die Widersprüche zeigen, die Gegensätze, in den jammervollsten Tönen aufschreien und übergangslos, wie die Kinder, wieder lachen können.

Eben habe ich auf der Probe geschrien und geschrien, nein, mehr den Mund aufgerissen und es schrie aus mir, wie damals, bei der Ratte in Krautsand, zwanzig Mal immer und immer wieder und dann – Stille und ich sitze auf der Bühne am äußersten Winkel, allein, still und ruhig und sage fast lächelnd: »Nur weil ich das Mitleid verehrt habe.« Wenn Antigone ihr Todesurteil erfährt, wenn sie anfängt zu klagen, dann müsste auf der Bühne so etwas wie Wahnsinn ausbrechen, dachte ich, etwas Riesengroßes, erst danach müsste sie zur Besinnung kommen und merken, dass der Mund ganz schief im Gesicht steht oder die Ohren übergeklappt sind. Bevor aber Kreon ihr das Todesurteil sagt, passiert das Schönste: Antigone geht zur Chorfrau, die Bohnen puhlt, kniet sich neben sie und puhlt mit, während die Frau die Worte sagt: »Ungeheuer ist viel. Doch nichts ungeheurer als der Mensch.« Zwischen Todesnachricht und Todesfurcht, dem Schreien und Außer-sich-geraten, eine ganz alltägliche Szene. Das ist das Ungeheure. Das meine ich. So etwas wie diese Bohnengeschichte kann man nur in Grübers Theater erleben. Hoffentlich macht meine Stimme das alles mit. Heute war ich schon ganz heiser.

Januar 1988
Es war eine wunderbare Probe. Jetzt, wo Vallone als Kreon so linear und ruhig ist, kann ich die Meinhof und Ensslin sein. Stammheim. Der Schrei

gegen uneinnehmbare Mauern. Ich muss nicht »üben«, wenn ich an den Mundschuss von Ensslin und das Aufhängen von Meinhof denke. Ich kann nicht schlafen, wenn ich an das Stöhnen der Bullen denke, der Stiere. Keine Angst haben, wenn der Vogel aufschreit, wenn er das Nest verlassen von seiner Brut vorfindet, wenn ich an Nele denke, die in meinem Arm hängt, so leblos, den Kopf zur Seite geknickt wie ein toter Vogel, der aus dem Nest gefallen ist ... Es gibt im Theater die Suche nach der »Form«, die so ganz anders ist als beim Film. Beim Film ist es die Suche nach »Natürlichkeit«, beim Theater kommt die »Form« dazu. Darin die Natürlichkeit zu bewahren, meinen eigenen Rhythmus entgegenstellen, nicht die »Form« zu bedienen, das finde ich aufregend.
Es ist 8 Uhr morgens und ich habe nicht geschlafen. Schon komisch, wie ich bei der Arbeit vergesse, dass ich vier Kinder habe.

Während ich in Mailand die Vorstellungen spielte, probte ich tagsüber mit Aldo Tucconi, dem Ersten Geiger aus der Scala, der so herrlich Akkordeon spielte. Giorgio Strehler hatte mich eingeladen, für sein Théâtre de l'Europe am Odéon in Paris einen eigenen Abend zu machen. Ellen Hammer, Grübers Mitarbeiterin, schlug »Die Unbekannte aus der Seine« von Horváth vor. Ich sang Mariannes Lied aus den »Geschichten aus dem Wiener Wald«, »Da draußen in der Wachau«, und viele andere Lieder. Zum ersten Mal machte ich einen Abend allein auf der Bühne mit Liedern.

Eigentlich war das mein allererster Liederabend. Singen ist für mich so, als wäre ich irgendwo auf dem Land und würde Wäsche aufhängen. Beim Singen ist mein ganzes Landleben dabei. Es ist wie das Anheulen des Mondes oder das Zwitschern der Vögel.

Am Ende saß ich ganz nah an der Rampe auf einer einfachen Bank unter einer Straßenlaterne und schaute hoch zum Orion in den Bühnenhimmel und musste dabei an eine Geschichte, die Klaus Michael Grüber erzählt hatte, denken. Ein alter japanischer Tänzer wurde ein letztes Mal um einen Auftritt gebeten. Er stand da, stand einfach nur da, tat nichts, irgendwann streckte er ein Bein in die Höhe. Ganz langsam. Das war alles.

Zurück auf Krautsand. Den Horváth-Abend im Odéon habe ich geschafft. Ich spielte ganz einfach und habe ab und zu in eine Semmel gebissen und ab und zu ein Lied gesungen. Die Bühne vom Odéon ist wunderschön wie das ganze Theater. Wir wohnten alle im Hotel Esmeralda, ein roten Plüschhotel, gegenüber von Notre Dame. Alle Kinder waren dabei und Dagni. Wigand hat die Beleuchtung gemacht.

Das Schönste hier an der Elbe sind die Wildgänse, die übers Haus fliegen.

März 1987
Ich bin allein mit Nele und Lasse. Ich horche nachts auf Neles Atem. Oft gehe ich rüber und lausche und halte selbst den Atem an. Drei Mal am Tag muss ich ihr eine Herztablette geben. Ich komme mir dabei vor wie eine Giftmischerin. Ich muss es geschickt anfangen. Sie merkt es genau. Oft verstecke ich Tablette in einem Keks oder löse sie in Apfelsaft auf.

April 1987
Eben kam ein Anruf aus Erlangen. Ich bin für den Erlanger Kulturpreis vorgeschlagen. Ich habe sehr gelacht. Aber Mutti wird stolz sein und es wird ihr gut tun. Außerdem gibt's Geld!

Wigand mit Tammo

Unser Magirus Deutz

Der Schrei

»Lauf und schrei«, hatte Grüber zu Antigone gesagt.

Einmal im Leben habe ich so geschrien. Während ich auf der Bühne rannte, fiel es mir wieder ein:

Wir kamen nach längerer Abwesenheit zurück nach Krautsand, ich schloss die Tür auf und sah eine fette, hässliche, vollgefressene Ratte ganz langsam über den Küchenboden zu ihrem Loch watscheln, das sie unter der Kellertür ausgefressen hatte. Sie hatte sich bei den Äpfeln so fett gefressen, dass sie nicht mehr durch das Loch von der Küche zum Keller passte, sie hat es vergrößern müssen. Ich schrie und schrie. So lange, bis das grässliche Vieh durch das Loch in den Keller verschwand. Sie hat sich viel Zeit gelassen. Ich schrie und war gleichzeitig wie gelähmt, ein ewig langer ohnmächtiger Schrei. Nie mehr habe ich eine Ratte so laufen gesehen, so dick, so vollgefressen. Diesen Schrei werde ich nie vergessen, er ist in mir. Dieser Schrei voller Entsetzen und Abscheu. Ich kann ihn »abrufen«.

In der Inszenierung von »Kirschgarten« mit Peter Zadek habe ich ihn wieder hervorgegraben. Als die Ranjewskaja, die Gutsbesitzerin, erfährt, dass der Kirschgarten verkauft ist, schreie ich »Nein!«, mein ganzer Körper schreit und windet sich.

Die Ranjewskaja hat ihren Kirschgarten verloren und ich meinen Apfelgarten.

Lopachin, der Kaufmann, nimmt Ranjewskajas Tochter und tanzt mit ihr auf dem Tisch und ich, die Ranjewskaja, stehe daneben und habe alles verloren. Und schreie. Das war ein anderer Schrei. Ein Schmerzensschrei.

Was fällt mir wozu in welchem Augenblick ein?

Woher hole ich den Ausdruck in der Stimme, im Körper?

Die Fantasie des Schauspielers ist sein eigenes Erleben. Es muss glaubwürdig sein. Verlangt eine schonungslose Offenheit. Um mich so preisgeben zu können, mich ganz nackt machen zu können, brauche ich ein Gegenüber, dem ich vertrauen kann. Einen Regisseur, der sagt: Ich liebe dich, deine Gestalt, deine Bewegung, dein Denken, deine Stimme, dein Innehalten, dein Zögern, dein Nichtwissen, dein Suchen, deine Unsicherheit. Dann kann ich über Grenzen gehen.

Die Stille

Ich liebe die Stille. Es kommt mir immer so vor, als ob ich die Stille hören kann.

Nie wieder habe ich sie so gehört wie in Irland auf Achill Island in Heinrich Bölls Haus. Ich hörte Stille auf den Wegen, die von gelben Ginsterbüschen gesäumt waren. Es war so still, dass ich mich auf die Erde legte, um vielleicht eine Ameise, einen Grashalm hören zu können. Aber was ich hörte war – Stille.

Die Stille auf der Bühne ist anders.

Grüber versucht, Stille zu inszenieren.

Wenn ich vom Zuschauerraum aus die Menschen von Grübers Theater sehe, sehe ich den vereinzelten Menschen, der auf der Bühne wie ein Fremder in der Welt steht. Dadurch schaue ich genau hin, sehe, wie sich der Kopf eines Schauspielers aus dem Kragen formt, wie das Ohr am Kopf befestigt ist. Man hat Zeit, alles selbst zu entdecken, Schönheiten, die abrupt ins Leere brechen. Es ist eine Ruhe in den Aufführungen, in der alles möglich ist, alles kann neu aufgebrochen werden, weil vorher nichts behauptet worden ist. Alles ist klar nebeneinandergestellt, nicht aneinandergepappt.

Bei Caspar David Friedrich stehen die Menschen auch vereinzelt und klar hervorgehoben in der Natur, oft mit dem Rücken zu uns, und schauen in gewaltige Abgründe oder Höhen. Es liegt gleichzeitig ein Sehnen und ein Grauen vor der Allmacht darin.

Warum nicht mit beiden Händen in der Erde wühlen wie ein Maulwurf?

Ich sollte an der Schaubühne in Berlin die Iphigenie von Goethe spielen in der Regie von Klaus Michael Grüber. Zehn Jahre nach der Antigone in Mailand. Mit dem gelben Reclamheftchen in der Tasche fuhr ich in die Auvergne, um allein zu sein und mich auf das Stück vorzubereiten.

Auvergne, Juli 1997
Ich war ein Jahr lang nicht hier und musste mich in den ersten Tagen zuerst freisensen, die Fenster klar wischen, die Mäuseköddel auskehren. Ich habe eine Schneise von oben vom Haus bis unten zum See geschlagen, damit ich, wenn die Sonne scheint, schnell zum Wasser laufen kann. In Le Puy habe ich einen Sack Karotten gekauft, so muss ich nur einmal am Tag kochen und Nele wird nicht dick.

Jetzt hat es zehn Tage nur geregnet und gestürmt und endlich reißt der Himmel auf, die Sonne scheint und wir rennen nach draußen und juchzen. Wenn

die Sonne scheint, kann ich mir keinen schöneren Ort vorstellen. Aber das ist wohl überall so. Die Luft in der Auvergne ist so klar und frisch. Ich habe ein rührendes Stück Gartendreieck umgegraben, Unkrautwurzeln rausgehackt, die Erde abgeklopft und bunte Akeleisamen und Lupinen eingesät. Zwischendurch spreche ich manchmal den ersten Iphigenie-Monolog: »Heraus in eure Schatten, rege Wipfel.«
Das kleine Reclamheft habe ich immer in der Schürzentasche bei mir. Wenn ich auf allen Vieren krieche, fällt oft das Büchlein heraus. Was für ein schöner Text! Ich werde ganz süchtig und bin froh von der ganzen Bückerei und Plackerei loszukommen. Ich lausche den Worten nach, man muss dabei vollkommen wach sein, so viele Bilder und Gedanken liegen darin. Manchmal ist mir diese Iphigenie zu edel, zu gut, ich würde ihr am liebsten eine reinhauen und freu mich schon auf Uli Wildgruber, der den Kreon spielt, er würde mich bestimmt, ich meine die Iphigenie, dauernd ohrfeigen, wenn sie »abhebt«. Warum zupft sie nicht Unkraut, warum wühlt sie nicht mit beiden Händen in der Erde wie ein Maulwurf und zerrt die schweren Graspollen aus der Erde. Ich muss gleich dem Grüber schreiben, dass ich den Text beim Hacken und Hauen und Ziehen und Zupfen spreche. Aber die Heiligen Hallen auf Tauris sind bestimmt brennnesselfrei. Gerade lese ich

bei Dávila: »Brauchbar ist nur das Notwendige, reizvoll nur das Ungewisse.«

Für die Inszenierung hat Gilles Aillaud, ein bildender Künstler, Ebbe und Flut auf die Bühne gezaubert. Ebbe stand für Unschuld, Reinwaschen, das Wasser nimmt alles mit, was die Flut anschwemmt, den Unrat, das Hässliche, die Lügen, den Schmutz; zurück bleibt der unberührte reingewaschene Sand. Als Iphigenie saß ich an diesem Strand und habe die Geschichte der Atriden dem Meer anvertraut. Manchmal habe ich mich in dieser Familiengeschichte regelrecht verloren. War es ausgerechnet die Premiere, wo ich dermaßen »hing«, das heißt nicht weiter kam im Text, mich endlos wiederholte, die Souffleuse nicht hörte? Ich war wie in Trance.

Gilles Aillaud hatte einen winzigen Tempel auf die Bühne gebaut, in den ich zehn Minuten vor Vorstellungsbeginn reinkriechen und auf meinen ersten Auftritt warten musste. Ich habe bis zu meinem Auftritt Kaugummis gekaut und sie kurz bevor ich auftrat an die Decke des Tempels geklebt. Die Bühnenarbeiter fanden beim Abbauen des Bühnenbildes den ganzen Tempelhimmel voll mit angeklebten Kaugummis.

Die Berliner Kritik hat die Inszenierung zerrissen. Noch nie hatte ich so schlechte Kritiken. Ich stünde da wie eine Ente. Oder die Großmütter des Theaters spielten jetzt sechzehnjährige junge Mädchen. »Sie dümpelt auf Goethes Versen wie ein verlassenes Paddelboot« (*Frankfurter Rundschau*). Und *Theater heute* wusste: »Angela Winkler ist 54 Jahre alt und [folglich] nichts von erotischer Spannung« zwischen ihr und dem »in Ehren und Umfang erstarrten Ulrich Wildgruber«. In Paris wurde die Aufführung umjubelt.

Wir Schauspieler liebten Klaus Michael Grüber. Er hat uns die Schutzhüllen, unsere Verlogenheiten und Schwindeleien, die wir uns mit der Zeit so aneignen, weggenommen. Wir waren ihm dafür dankbar. Er hat nie viel auf Proben gesagt. Höchstens hin und wieder ein, zwei Sätze. »Wenn es hell ist, ist es hell. Wenn es dunkel ist, ist es dunkel.« Oder: »Kein Kitsch! Die Sprache muss rissig bleiben, körnig. Punkte machen.«

Ich hätte mir mehr aufschreiben sollen, aber ich stand ja die ganze Zeit auf der Bühne. Zwei Sätze habe ich mir gemerkt, an die ich mich noch immer halte: »Spielt Theater, als würdet ihr über Eis gehen und könntet jederzeit einbrechen.« Und: »Die Worte Perle an Perle reihen.«

Meine letzte Arbeit mit ihm war 2005 eine Oper von Janáček, »Tagebuch eines Verschollenen«, in Wien bei den Festwochen. Ich spielte eine Maulwurfsfallenstellerin, einen Clochard.

Wir probten in Wien. Während der Proben fuhr ich immer wieder nach Berlin, wo ich im Spiegelzelt in »Cabaret« das Fräulein Schneider spielte. Das war eine ziemliche Schufterei. Außerdem habe ich einen Fernsehfilm gedreht, der mir ausnahmsweise viel Spaß gemacht hat, im Spreewald, es waren wenige Drehtage, und ich spielte eine alte graue Frau, eine Mörderin. Die Gage war für neue Fenster und Türen in der Bretagne.

Wien, 2005
15 Minuten vor der Vorstellung tönt es durch den Lautsprecher: »Frau Winkler, bitte zur Maulwurfhügelkontrolle.« Dann muss ich hoch aufs Feld, schwer behangen mit Fallen und Schnüren. Die alten rostigen Fallen habe ich selbst aus Ungarn geholt. Mein Kostüm ist ein dicker zerschlissener Männermantel, darunter trage ich eine Männerjacke und darunter ein gelbes Mädchenkleid mit roten Rändern und Gummistiefel. Ich bin ein Clochard, der das Feld aufräumt. Die ganze Bühne besteht aus aufgeworfenen feuchten Erdschollen. Es sieht aus wie ein frisch gepflügter Acker. Ich habe die Aufgabe, den Acker von Maulwürfen und Steinen und von Stöcken zu befreien. Die Maulwurfstellen sind gekennzeichnet mit Stöcken, die ich zu kleinen Kreuzen mit roten

Fähnchen zusammengebunden habe, damit ich die Stelle finde, um einen präparierten Maulwurf rauszuziehen.
Wenn ich alles inspiziert habe, lege ich mich auf die Erde und warte, bis das Gewitter, der Donner kommt, der mein Zeichen ist, aufzustehen. Während ich da liege, strömt das Publikum herein – das Publikum sieht mich nicht, es hängt ein Gazevorhang davor, der erst beim Donner hochgezogen wird – es ist eine Ewigkeit, die ich so da liege und mir nur Unsinn durch den Kopf geht. Es fängt an. Ich muss eigentlich nur ab und zu den Sänger stören. Ganz am Schluss »entblättere« ich mich und tanze den »Mückentanz«. Stehe da im gelben Kleidchen, natürlich barfuß, wie Grüber mich liebt. Der Tanz wird immer wilder, bis ich vor Erschöpfung in die Erdfurchen falle, die Musik steigert sich, ich rappel mich auf, tanze noch einmal den Mückentanz, der müde wird und gebrochen, und falle an den Konzertflügel, an dem Markus Hinterhäuser sitzt und spielt. Ich sage noch ein paar Heimatworte – Leb wohl, Heimatort, leb wohl, Vater – meine liebe Mutter – meine kleine Schwester … dann donnert es wieder und aus. Es dauert 50 Minuten. Wir sind nur eine so kleine Gruppe und Grüber ist zum Lieben.

Herkuleskraut

Ich stehe in Gummistiefeln in meinem Garten und ziehe das Unkraut heraus, »das wild in Samen schießt«, sagt Hamlet. Ich denke an Peter Zadek, wie er mich während der Arbeit für Tschechows »Kirschgarten« so schräg von unten her angeschaut und gesagt hat: »Angela, ich möchte ›Hamlet‹ mit dir machen.«

Das Herkuleskraut ist schwer auszugraben. Der Hamlettext ist immer noch in meinem Kopf. Zadek hatte für seine Inszenierungen die Schauspieler vor Augen, mit denen er sie machen wollte. Oft hat er jahrelang darauf gewartet, bis sie alle dafür zusammenkommen konnten. Wenn mir heute eine Rolle angeboten wird, habe ich oft das Gefühl, die Regisseure meinen gar nicht mich, sie wollen meinen Namen. Zadek wollte mich, und ich konnte ihm vertrauen. Ich habe mich gar nicht gefragt, ob ich Hamlet will. Ich kann ja nicht behaupten, dass das meine Traumrolle gewesen sei. Überhaupt habe ich keine Traum- oder Wunschrollen.

Während er Intendant am Hamburger Schauspielhaus war, habe ich an seinem Haus gespielt. »Werft eure Herzen über alle Grenzen« hieß der Abend mit Texten und Liedern aus dem Exil. Er hatte sich nicht blicken lassen. Zwei Jahre später rief er an.

Krautsand, 1989
Peter Zadek hat angerufen. Schon als ich seine Stimme am Telefon hörte, ging ich innerlich rückwärts. Er will mich als schwindsüchtige Ehefrau in »Iwanow«. Wenn er mich hätte sehen können mit meinen Bauernhänden.

Ich hatte seine Inszenierung von »Lulu« gesehen. Diese gefährliche Schnelligkeit, die Zerrissenheit und Eckigkeit haben mir gefallen.

In Hamburg waren wir bei seinem Lieblingsitaliener am Spadenteich verabredet. Ich kam aus Hannover mit einem Akkordeon, das ich für meinen Sohn Luca gekauft hatte. Er war schon da, als ich kam. Ich setzte mich neben ihn, er legte seine Hand auf meinen Oberschenkel und schaute mich an, so wie er so schaut, irgendwie von schräg unten, und sagte: »Eigentlich mag ich deine Filme nicht, du hast so Kuhaugen.«

Bevor die Proben zu »Iwanow« begonnen haben, ist meine Schwester Uta Ende Januar 1990 an Krebs gestorben. Den letzten Monat vor ihrem Tod war ich mit Nele und Lasse bei ihr. Wir haben sie aus der Klinik nach Hause geholt. Nele und Lasse haben ihr Tee gebracht, mit ihr gespielt und sie fröhlich gemacht. In der Nacht, in der sie starb, haben mein Bruder Dirk, meine Mutter und ich Lieder gesungen. Sie kannte alle Texte auswendig. Bis zum Schluss war sie ganz wach, hörte zu und bekam alles mit, was im Haus geschah.

Danach fuhr ich nach Wien. Lasse und Nele nahm ich mit. Sie konnten in Wien in eine Waldorfschule gehen. Dagni Stoeppler, eine Freundin, die mit uns auf Krautsand lebte, kam mit. Ich arbeitete zum ersten Mal mit Peter Zadek am Burgtheater. Ich spielte die Anna Petrowna in »Iwanow« von Tschechow. Gerd Voss spielte Iwanow. Anna Petrowna ist lungenkrank und stirbt im 3. Akt. Ich habe sie gespielt wie ein sich immer wieder aufbäumender, alles hörender, alles wissender Todesvogel.

Meine Schwester ist hingebungsvoll, ruhig und tapfer gestorben. So wie sie auch im Leben war.

Wien, März 1990
Heute ist Sonntag. Montagabend bin ich angekommen. Dienstag war die erste Leseprobe. Es wird schon um 5 Uhr früh hell. Ich weckte Lasse und Nele. Bis vorgestern war der Rhythmus von Krautsand in mir. So einsam und verzweifelt war ich noch nie wie in diesen ersten Tagen in Wien. Ich kam

nach Hause und schmiss mich aufs Bett. Habe nur geheult. Fühlte mich nicht dem Theater zugehörig. Ach, wie fand ich alles absurd und lächerlich im Vergleich zum wirklichen Leben. Ich dachte oft in den Tagen an die Nacht mit Uta, wo wir mit ihr an ihrem Bett saßen und mit ihr atmeten und mit ihr starben. An den Druck von Mutters Hand, als der Atem stockte, an die Kinderlieder von früher, die wir sangen, dicht an ihrem Ohr. An ihren unsagbar dankbaren Blick, an das Auge, das bis zuletzt auf Mutti geheftet war. »Schlaf, schlaf ein, ganz ruhig – schlafen, schlafen.«

Seit zwei Tagen ist da in den Proben ein Aufbegehren und ein Flimmern in mir. Ich fange an zu leben mit einer verzweifelten Gier. Ich überrumpele die Staatsschauspieler. Ich spiele die Frau, die todkranke Anna, die nicht mehr geliebte, die sich noch bis zum Schluss aufbäumt in ihrer verzweifelten Lebensgier und wenn sie vorher erschöpft den Körper sinken lässt, schnellt sie sofort wieder auf und lacht und wirbelt und weint und hört. Sie hört alles. Die Eule schreit.

Ich hab's gepackt! Es geht mir gut. Ich fange seit Tagen an zu gucken und dieses verrückte Wien zu genießen und zu lieben und zu hassen. Die Proben sind wunderbar. Endlich spiele ich eine Frau mit allen Sehnsüchten und Empfindungen und Verletzungen und Jubeln. Keine, die über die Hügel flieht, sondern eine, die bleibt. Zadek ist, glaube ich, ein Glücksfall für mich! Ich bin auf den Proben ganz locker und alles strömt über, und ich trällere meine Operetten und schlage meine Purzelbäume. Das ist der Unterschied zu Grüber für mich bisher: Ich kann trällern.

Gestern war ich bei der Vorpremiere von Taboris Stück. Da trat eine »Mongoloide« auf. Heute habe ich eine alte mongoloide Frau gesehen, ganz wach, 60 Jahre alt, sie arbeitet noch in einem der berühmten Wiener Cafés in der Küche. Da hab ich an das Nelchen gedacht und alles war so leicht. Ich kaufte gerade Kaffee auf dem Naschmarkt und die Alte saß da auf dem Hocker und wir tranken Kaffee mit Kardamon. Das soll gut sein fürs Herz und für die Potenz. (Arabischer Glaube)
Morgen kommt der 2. Akt dran. Da kann ich endlich zugucken.
Der 1. Akt wird ganz schön bestimmt von dieser Anna Petrowna.

Zadek will mit mir in die Oper gehen. Eine Zadek-Geliebte werden will ich nicht!
Er schaut unheimlich gut zu und sagt nichts Schlechtes. Er fragt immer, will diese Staatsschauspieler aus der Reserve locken. Grüber hat die Schauspieler nie gefragt.

Ich glaube, er ist mir ganz schön dankbar, weil ich ihn »überrasche«, mal rausrenne, wenn's mich packt, oder reinrenne oder gar nichts tue. Wenn ich mal alt bin, möchte ich auf der Bühne sitzen und gar nichts tun und alles wäre da, jeder Ton, jedes Wort wäre einfach da.

Vorgestern hatte ich frei. Ich bin rausgefahren, eine Stunde mit dem Zug. Ich stieg am Neusiedler See aus. War ganz allein mit dem Schilf und dem Wasser. Das Leben ist unheimlich und schön. Wien ist Luxus. Ich habe eine Rose aus Stoff gekauft.
Das Tolle ist, Zadek ist mir gegenüber ganz frei, hat keine Vorurteile, und ich muss ihm nichts beweisen. Wir sind immer neu voneinander überrascht.
Wenn ich mit Grüber arbeite, spüre ich immer den Wind, eine Aura der Freiheit um mich herum und so setzt er mich auch ein. Ich bin immer das Wild, das in der Freiheit lebt, das nackten Fußes über die Hügel stürmt.
Zadek lauscht und guckt und staunt.

Ich bin krank. Habe 40 Grad Fieber. War heute nicht zur Probe. Alle waren da, zwei Ärzte haben mich untersucht, Zadek war lange da und wir haben erzählt von Stein und Grüber …
Draußen klappern die Vögel mit den Schnäbeln. Es ist 1 Uhr nachts.

April
Theater ist schön. Man durchleuchtet alles. Man hinterfragt und nimmt nichts für bare Münze. Ich merke wie der Alltag abblättert, man wird wieder feinhäutig. Ja, weil man Zeit hat. In Krautsand habe ich ganz selten mal Zeit zum Atmen, außer wenn ich im Garten wusele, da bin ich ganz bei mir und mit der Natur trotzdem eins. Die schönste Zeit im Jahr ist, wenn die Heckenrosen blühen und der Holunder und der rote Mohn. Das ist Mitte Mai, wenn die Schwalben ihre Jungen füttern.

Mai
Ich glaube ich muss die Anna Petrowna in der letzten Szene spielen mit Entfernung, Abstand schaffen zwischen Voss und mir. Sie redet, redet, redet, niemand kann ihren Redefluss aufhalten, bis zum Mord. Tragödin, an die Duse denken. Nicht an ihn ran, sonst zerfleischen wir uns auf den letzten Proben.

Juni
Heute ist die letzte Voraufführung. Die Kinder sitzen mit Dagni im Zug nach Krautsand. Ich bin erschöpft und möchte endlich nach Hause. Ruhe. Nicht mehr diese Anspannung des Theaters. Diese ewigen Durchläufe. Die Rolle der Anna Petrowna wühlt in mir und zersetzt mich. Eben bin ich im 3. Akt wirklich gestorben. Jetzt blickt sie von oben

auf uns herunter mit ihren klaren Augen. Hohe Geigentöne, nur ein paar Töne werden eingespielt und es zerreißt mich. Wenn Iwanow zu mir »Judenweib« sagt, lehne ich mich an ihn, liebe ihn, gehe mit ihm zum Tisch und proste ihm zu und schütte ihm dann den Schnaps ins Gesicht. Er tötet mich mit Worten.

Ich muss die Vorstellung aus einer inneren Erschöpfung, Ruhe heraus spielen, dann kann ich entwickeln, nur nicht zu erregt, angespannt sein. Ich merke, wie ich die Aufführung liebe.

Die Premiere ist vorbei. Es war ein Erfolg. Ich habe mein ganzes Leben in diese Figur Anna Petrowna einbringen können. So reich habe ich noch nie arbeiten können.

Als Anna Petrowna …

… in »Iwanow«,
Burgtheater Wien, 1990

Macht total Spaß

Von Nele habe ich unheimlich viel gelernt. Sie spielt seit über zwanzig Jahren im RambaZamba Theater. Ich bin mit ihr durch die Welt gezogen und habe alles getan, damit sie so leben kann wie ihre Brüder, wie ein ganz normales Kind. Durch sie habe ich gelernt, den Mund aufzumachen, zu kämpfen. Ohne sie würde ich anders Theater spielen. Diese Menschen mit Downsyndrom sind so geradeaus. Sie sagen einen Satz, und der steht dann da. Einfach und klar. Sie drücken sich unverstellt aus, sagen, was sie denken, was sie fühlen. Mit ihnen kann man so viel lachen, sich freuen, sehen, was für ein großes Mitgefühl sie für andere Menschen haben. Sie bezaubern die Zuschauer, die ihnen mit ganz großen Ohren zuhören. Ich möchte das im Theater auch, zuhören können. Ich möchte keine Kunststücke sehen.

2006
Wie Nele liest, wie sie Fremdwörter buchstabiert, wie sie das letzte Wort, das auf der Seite rechts unten steht, liest, dann umblättert und dann mit dem ersten

Wort auf der nächsten Seite links ganz oben wieder anfängt weiterzulesen. Wie mich diese Genauigkeit im Kleinen, die ich jedes Mal wie eine Hingabe erlebe, zum Lächeln bringt und wie ich meine Tochter dafür bewundere.

Nele: »Da ist wunderbar schönes Leben in meinem Herzen drin. Ich bin Nele Winkler. Ich bin Schauspielerin bei RambaZamba mit meinem Beruf. Macht total Spaß. Da muss ich ganz viel arbeiten auf Proben.«

Dieser Zadek!

Peter Zadek inszenierte »Mondlicht« von Harold Pinter für das Hamburger Thalia Theater und das Berliner Ensemble. Irgendwie war ich »seine« Schauspielerin geworden. Es war wie selbstverständlich, dass ich seine nächste Arbeit mit ihm mache.

17. Februar 1995
Sitze im Zug und fahre nach Hause nach Krautsand. Habe Sehnsucht nach Wigand und den Kindern. »Mondlicht« ist sehr englisch. Das Stück ist so etwas wie Zadeks Herzstück. Es ist eine Meditation über das Sterben. Er denkt über das Alter nach. Er wird 70. Er liebt Pinters Sprache, die seine Frau Elisabeth Plessen für die Inszenierung übersetzt hat. Er war krank. Im Stück liegt Michael Degen im Bett und stirbt. Ich sitze an seinem Bett. Zadek legt Wert auf jedes Wort. Pingelig. Ein Konversationston ist angeschlagen, in dem alles enthalten ist: Zärtlichkeit, Hass, Frust, Eifersucht, Krankenschwester, Teetante. Der Ton ist »spitzmündig«, fischig, ganz einfach, aber nicht naiv.

Übermorgen spiele ich dreimal »Die Reise nach Jerusalem«, in Hamburg im Thalia Theater.

20. Februar
Die Vorstellungen waren voll. Sie waren ein voller Erfolg.

Am Hamburger Hauptbahnhof mische ich mich unter die Drogensüchtigen. Dieses Mal wird Brot verteilt. Eine alte grauhaarige Frau mit zwei Helferinnen. Wie freundlich sie jeden anschaut mit leuchtenden Augen, die schon ausgeweint haben und strahlen können. Die anderen um den Wagen herum haben auch glänzende Augen aber stumpf, seltsam starr. Einem blonden Mädchen mit besonders großen Augen, streichle ich im Vorbeigehen die Schulter, aber sie bemerkt es gar nicht. Diese Augen – vollkommen verloren. Ich erinnere mich an die Szene in dem Film »Plötzlich im letzten Sommer« mit Liz Taylor, wo ihr Mann quasi von Jugendlichen aufgegessen wird. Man sah nur Arme und Hände. In der Bahnhofshalle haken sich die reichen, gut angezogenen Hamburger Paare unter und eilen vorbei.

Am 13. Oktober fangen die Proben für »Kirschgarten« in Wien an. Josef Bierbichler spielt den Lopachin. Uli Wildgruber spielt Gajew und Sylvester Groth den Studenten, Eva Mattes die Mascha und

Deborah Kaufmann meine Tochter, Hermann Lause den alten Firs. Die irrste Besetzung!

Bei der Probe zu »Mondlicht« ist mir, glaub ich, an manchen Stellen das Wasser aus den Augen geschossen. Es reißt mich plötzlich in Situationen, die ich kenne, erlebt habe.

25. März
Es kann schön werden, wenn wir kein Theater machen und uns zuhören.
Ich bin dunkelblau angezogen mit einem kleinen weißen Krägelchen und einer Perlenkette und habe graue Schläfen. Meine Haare sind aus dem Gesicht gebürstet und werden mit einem Kamm zusammengehalten. Das hat etwas Altes, zugleich Schulmädchenhaftes. Ich bin auf der Bühne eine 50-jährige Frau. Endlich! Wenn ich mich anschaue, erkenne ich mich nicht wieder. Armer Wigand! Ich bin vollkommen unerotisch, ein Neutrum voller lebendiger Erinnerungen und Zärtlichkeit, mörderischer Weisheiten und Behauptungen. Ich habe das Gefühl, jede Gehirnzelle wird auseinander genommen und umgedreht. Nach der Probe habe ich eine platte Stirn und falle zu Hause sofort in Tiefschlaf.

Dieser Zadek! Er kehrt alles um! Es ist wunderbar, wie ich jetzt, beim zweiten Mal, seine Regie begreife. Hoffentlich versteht es das Publikum. Wir »sprechen« ja nicht wie auf dem Theater, sondern so wie der Text ist, so hirnrissig banal wie eben nur das Leben. Er ist zum in die Ecke schmeißen.

3. April
Heute war eine schöne Probe. Michael Degen ist wunderbar geworden. Wir spielen nicht mehr. Wir sind ein Ehepaar. Stock im Rücken, gerade sitzen, nichts zeigen wollen, lächelnd die schlimmsten Sachen sagen.

27. April
Gestern war Premiere in Berlin.
Sie war anders als die Premiere vor einer Woche in Hamburg. Viele konnten weder mit dem Stück noch mit der Inszenierung etwas anfangen. Nur ich bekam Applaus und erschrak, weil es doch eine gemeinsame Arbeit war. Zadek war verzweifelt und wurde ganz blass. Er sah seine Botschaft wegschwimmen: »Wer liebt hat recht.«

Ich bin wohl das Sprachrohr von Zadek. Ich kann wohl zeigen, was er in seinem jetzigen Sein sagen will. Wir haben uns jetzt getroffen, erst sehr spät, und gehören arbeitsmäßig zusammen. Er rüttelt an mir und ich spucke es aus und schüttle es weg von mir. Ich spiele »Mondlicht« gern, ich kann auf der Bühne entspannen. Bei dem Else-Lasker-Schüler-Abend sind mein Körper und meine Sinne durch die Konzentration auf den Text angespannt. Bin da ja auch ganz allein auf der Bühne.

16. Juni
Sitze im Zug nach Schwerin. Spiele »Reise nach Jerusalem«, unseren Else-Lasker-Schüler-Abend. Gestern war »Mondlicht« und ich hatte meine erste Cellostunde. Seit ein paar Tagen lese ich Tschechows »Kirschgarten«, lese Satz für Satz. Jeder Satz ist ein ganzer Roman.
Der Zug ist angenehm leer, Bodennebel liegt auf den Feldern. Wirklich rote Felder! Mohnblumen. Die Landschaft fließt dahin. Akazienbäume, die hellen Blütenbüschel, Sandwege, Heckenrosen, gelbe Sumpfdotterblumen. Grüne Doppeldeckerzüge stehen in Wittenberge auf dem Gleis. Bin noch nie so gerne Zug gefahren. Die Strecke Hamburg – Berlin werde ich vermissen.

24. Juni
Gestern am 23. Juni haben wir das Haus verkauft. Unser schönes großes Apfelhaus an der Elbe mit den vielen Blumen und dem kleinen See. Die Rosenhecken um unser Grundstück wachsen immer höher,

aber wir spielen doch nicht Dornröschen. Es ist wohl richtig.
Das Haus lebt vor Gemütlichkeit und Sattheit, es ist nichts mehr zu entdecken, nur viel zu viel zu pflegen.
Der Rasen, jedes Jahr die Apfelplage, und wir sind nicht mehr jung genug.
Ach, der Hauptgrund – es gibt viele Gründe – wir sind eben wir. Nicht abhängig werden! Unser Haus mit den vielen Nachtfaltern und Schwalben – »und warte auf das Kornfeld in meiner flachen Hand!«

»Die Reise nach Jerusalem«: Else Lasker-Schüler

1987 am Schauspielhaus Hamburg spielte ich in einem Abend über das Exil, »Werft eure Herzen über alle Grenzen«, die Dichterin Else Lasker-Schüler. In ihrem Stück »Die Wupper« hatte ich schon an der Schaubühne unter der Regie von Luc Bondy das Lieschen Puderbach gespielt.

Dieses Mal verliebte ich mich geradezu in diese eigensinnige Dichterin und in ihre Gedichte und Texte. Damals hatten wir uns vorgenommen, dass wir irgendwann einmal mit dieser Else was Eigenes machen. Jetzt war es so weit. Brigitte Landes hatte am Thalia Theater, wo sie Dramaturgin war, gekündigt. Die Kinder waren alle in der Schule. Ich hatte Zeit. Als ich Peter Zadek, der damals Intendant am Berliner Ensemble war, davon erzählte, sagte er: »Warum machst du das nicht bei uns?« Er hatte vor Jahren den Exilabend schon gegen seine Dramaturgen durchgesetzt, und nun machte er es mit unserer »Reise nach Jerusalem« auch. Ich bekam eine Gästewohnung in Berlin, Wigand machte das Bühnenbild und Brigitte die Regie. Wir kämpften uns mit unserer Arbeit an diesem Theater ganz schön durch und ließen uns von niemandem reinreden.

Ich war zum ersten Mal ganz allein auf der Bühne. Zum ersten Mal war mein Partner das Publikum, und wir hatten uns einen schwierigen Einstieg ausgedacht. Ich deklamierte den »Fakir von Theben«, einen expressionistisch-pathetischen Text, der nicht gerade für diese exzentrische Lasker-Schüler einnahm. Die Leute sollten in den ersten fünf Minuten denken: Wenn das so weitergeht, dann gute Nacht. Ich trug einen dunkelblauen Rock, ein schwarzes Wams aus Samt mit goldbestickten Schultern, darüber eine schwarze Cordjacke, gehalten von einem schweren Gürtel, und hatte ein Tuch um den Kopf geschlungen. Und einen großen Ohrring, eine rot gemalte Miesmuschel, den mir Wigand gemacht hatte. Modern und exotisch.

Mein Blick ging über die Köpfe des Publikums hinweg, dann setzte ich mich an meinen schönen erhöhten Tisch, hinter dem ein ebenso erhöhter Stuhl stand, wie ein Königskind auf den Thron, und die Else fing an, dem Publikum zu erzählen: »Bin in Elberfeld geboren …«, erzählte den Zuschauern vom Sauerland und ihrem Lieblingsspiel mit Knöpfen, zeigte dem Publikum einen klitzekleinen Knopf aus schwarzem Jett und ein kleines Bild von Joseph von

Ägypten – und hatte sie. Sie folgten meinen Wegen, und Else machte, was ich wollte.

Selbst Zadek war nach der Premiere begeistert. Ich habe das Stück jahrelang gespielt, erst unendlich oft im Berliner Ensemble und danach auf vielen Gastspielen.

Wenn ich ganz alt bin, sagte ich irgendwann zu Brigitte, dann können wir noch einen Lasker-Schüler-Abend machen. Über die alte Dichterin, die im Exil im Land ihrer Träume, ihrem Hebräerland, so unglücklich war. Die Else im Café Sichel in Jerusalem.

Ein Else Lasker-Schüler-Abend

DIE REISE NACH JERUSALEM

mit Angela Winkler

Regie Brigitte Landes   Bühne und Kostüme Wigand Witting

„Ich trage schwarzseidenes Kleid.
Sie grauer Cylinder und Frack.
Der Neger ganz rot – Fez – Kittel.
herrlich – 2 Kerzen brennen ganz hoch.
Wunderbar.
Sie müßten nur hören wie *Syrisch* sich anhört herrlich, wie Vögel in der Wüste. Böser Gesang, süße Triller und dazwischen Sandsturm!
Châ machâ lâaaooooo!!!!“

Else Lasker-Schüler an Max Brod, 8. 4. 1910 in Briefe, Bd. 2, München 1969.

Premiere   9. November   19.30 Uhr

»Kirschgarten«

Wien, 5. Februar 1996
Wenn ich so denke, was ich spiele, weiß ich nichts. Nach-der-Probe-vor-der-Probe bin ich leer, weiß nichts. Je mehr ich weiß, desto weniger weiß ich. Jetzt, 10 Tage vor der Premiere, gerate ich in eine Art Trance, ich habe das Gefühl der Kopfschmerz geht weg. Es wird alles leichter und leichter. Ich habe nicht mehr das Gefühl von Anstrengung. Diese Rolle der Ljubow ist mehr als eine Medea, eine griechische Tragödin. Ich weiß nicht, ob ich jemals wieder eine so schwere, wichtige Rolle zu spielen bekomme. Ich weiß nicht, ob ich jemals wieder so die Wahrheit verteidigen werde, das Leben, die Liebe zum Leben mit allem, was ich habe. Ich werfe mich voll rein, komme wieder hoch und – fahre nach Paris!

Es ist wohl so, dass unser Leben zu »chaotisch« ist. Ich profitiere davon, weil das Theater strengen Gesetzen unterworfen ist. Es gibt den Fixpunkt, die Premiere. Bis spätestens dann muss man den Text intus haben, bis dahin muss man »auf den Punkt«

gebracht werden. Ein ganzer Theaterbetrieb ist um mich herum und schützt mich. Ich kann in diesem 4-Wände-Karton herumzappeln bis diese Ljubow ermüdet, sie nur noch ab und zu mit den Flügeln klappert und aufschreit. Man wird in diesen zwei Monaten Arbeit gezähmt, erniedrigt, erhoben, und man lernt, sich auf diesem abgezirkelten Terrain, der Bühne, so zu konzentrieren, dass die ganze Welt außen, das riesige Meer da draußen, in diesem kleinen Fleck, diesem 4-Seiten-Terrain enthalten ist. Jedes Aufbäumen, jeder Irrwahn, alle Freude sind in diesem begrenzten Ort enthalten.
Darum spiele ich so gerne Theater. Wegen dieser punktgenauen Konzentration. Wenn ich ein Stück lese, passiert es, dass an bestimmten Stellen meine Gedanken abschweifen. Sie füllen sich mit ganz persönlichem Erleben und mit Bildern, die mich beschäftigen. Bei einem guten Stück passiert das immer an denselben Stellen. Ich sitze da und komme nicht weiter, weil ich in einer Welt des Erinnerns bin. Darum habe ich es schwer, Text zu lernen. Ich kann nicht automatisch Text lernen. Ich schweife zu oft ab, meine Fantasie schlägt Purzelbäume und ich schaue gleichzeitig rückwärts und vorwärts und ins Bodenlose.

8. Februar

Gestern nach der Probe war ich fix und fertig. Ich dachte, alle haben ihre Rolle, nur ich, Ljubow, flattere und schlage um mich. Meine Bewegungen, mein Tonfall stimmten nicht mit meiner äußeren Erscheinung überein, oh, ich habe mich verkrampft. Ich habe auf den Proben allen immer Mut gemacht, hab alle animiert, lieb gehabt und plötzlich haben sie mich überholt und meine Liebkosungen und Hilfestellungen wurden kindisch, hilflos und albern. Heute hab ich sie losgelassen und war frei von allem Druck. Alles Überflüssige fiel ab von mir. Nur weil Zadek heute Morgen gesagt hat: Fass keinen an, tröste mal niemanden.

Im 4. Akt habe ich jetzt mein schönes schwarzes Yamamoto-Kleid an. Es gibt mir Kraft für den Absprung nach Paris. Die Inszenierung ist wunderschön. Ich bin ganz beseelt von diesem Regiemeister. Morgen ist Fotoprobe. Ich muss lauter sprechen!

11. Februar

Gestern, am 10. Februar, haben wir abends bei uns gegessen. Dagni und ich haben auf dem Naschmarkt eingekauft. Es gab Lammkeule, vorher Fenchelsuppe und hinterher Apfelstrudel. Zadek und Elisabeth kamen auch. Sylvester, Jeff, Anja und Dunjascha und Barbara Carbonell, die mir meine Kostüme angefertigt hat. Elisabeth sagte, wie in einer Großfamilie, so lebendig. Lasse spielte seine Reiterstücke auf dem Klavier vor und Nele rülpste ungeniert dazu. Morgen versuche ich einfacher zu spielen, nicht zu sehr »pariserisch« zu sein.

17. Februar
Die Premiere war ein Riesenerfolg. Die Menschen standen und wollten nicht weggehen. Heute früh rief schon Peter Zadek an. Er hat Sehnsucht nach dem Kirschgarten. Er meldete sich mit »Grüber«.

24. Februar
Heute ist die 5. Vorstellung. Ich bin hundemüde. Heute waren wir bei Hanekes eingeladen. Hab viel Sekt intus. Brauch also vor der Vorstellung keinen Piccolo mehr, um mich »pariserisch« zu fühlen. Mal sehen!

28. Februar
Heute war Arnulf Rainer in der Vorstellung. Habe mich hinterher mit ihm getroffen. Ein sehr feiner, scheuer Mann. Es ist jetzt halb drei Uhr nachts. Ich hab ihn nach Hause in die Mariahilferstraße gebracht. Er schaute durch die Glastür mit seinem grauen Kopf, als ich mit meinem alten Mercedes wegfuhr. Der Mensch gefällt mir. Er hat Humor. War mit ihm in der Giacometti-Ausstellung.

29. Februar
Gestern war die beste Vorstellung. Luc Bondy war drin und ist ganz hingerissen. Er hätte noch nie so viel Verrücktheit auf der Bühne gesehen.

12. März
Hatte vier Vorstellungen »Reise nach Jerusalem« in Erlangen.
Gestern war eine schöne Vorstellung »Kirschgarten«. Morgen gehe ich mit Arnulf Rainer ins Museum. Wir treffen uns bei den Holländern bei Rembrandt.

21. März
Nele hatte ihren 14. Geburtstag. Einen Tag später hatte ich ihre ganze Klasse bei mir. Alle schrien immerzu »Angela! Angela!«, bis ich sie den Roten Berg raufscheuchte und sie austoben ließ. Hinterher bedankten sich die Mütter fast peinlich enorm für die »lange« Zeit. Naja, von 12 bis 18 Uhr.

Wohnung in Berlin erfragen
Nele Schule
Tammo, Luca Babelsberg
Termine Burgtheater, NDR im Juni, erfragen
Cello-Unterricht

10. April
Wo ist unser zukünftiges Domizil?
Wo unsere Bleibe, wo wollen wir in Berlin leben?

Wir haben beschlossen, in die Bretagne zu ziehen, ans Meer.

An den westlichsten Punkt Frankreichs. Wir haben eine wunderbare Stelle gefunden, zwei alte Bauernhäuser und eine Scheune. Es ist fast ein kleines Dorf. Wir sehen die Sonne im Meer untergehen.

17. Mai
Mit Zadek habe ich jetzt drei Sachen gemacht. Quasi drei Jahre. Es ist wunderschön, mit ihm zu arbeiten, aber es ist auch nicht mehr »gefährlich«. Man kann ja nur gut sein, man ist aufgehoben bei ihm. Er ist ein so guter Regisseur, dass es schon klappt. Man fühlt sich fast zu sicher.

In »Kirschgarten« mit Ulrich Wildgruber als Gajew

Mit Sepp Bierbichler als Lopachin,
Burgtheater Wien, 1996

»Angela, ich würde gern Hamlet mit dir machen«

Zadek sagte, es sei ihm völlig egal, ob Mann oder Frau, er wolle mich haben. Ihn interessierte, wie ich klein und allein auf einer riesigen Bühne stehe.

Wenn Zadek mir eine Rolle vorschlug, hatte sie eigentlich immer etwas mit meinem Leben zu tun. Auch bei »Kirschgarten« war es so. Ich hatte während der Proben sehr mit dem Verkauf unseres Apfelhofs in Krautsand zu tun. Da war das Leben meiner Kinder, sie sind dort zur Schule gegangen. Auch für Nele hatte ich eine Schule gefunden, und dann haben wir den Ort nach sieben Jahren aufgegeben. Jetzt war also »Hamlet« dran. Ich dachte, vielleicht soll ich mal philosophisch denken lernen oder so etwas. Die neue Übersetzung von Elisabeth Plessen habe ich erst sehr spät bekommen. Ich dachte, oh Gott, so viel Text. Das war mir vorher nicht so klar gewesen. Vor lauter Aufregung habe ich beim Lesen einen Zahn verloren, als ich in ein Stück Brot gebissen habe. Ich las und las und war am Abend noch nicht durch mit dem Text. Die Proben fanden in Straßburg statt. Ich hatte zusammen mit Eva Mattes eine Wohnung gemietet, wir hatten die Kinder mitgenommen, der kleine Lasse und Evas Sohn Josef gingen dort in die Waldorfschule, um Nele kümmerte sich eine Freundin. Eva kochte immerzu Spaghetti, und ich zog mich mehr und mehr in mein Zimmer zurück und merkte, dass ich pro Tag nicht mal einen einzigen Satz lernen konnte. Wie sollte das werden? Jetzt hatte ich noch fünf Wochen, das sind wie viele Tage? Und nicht mal einen Satz pro Tag? Ich war vollkommen paralysiert. Da habe ich einen Brief geschrieben und in der Wohnung hinterlegt.

Ich war mit dem Auto, einem alten verrosteten Mercedes, nach Straßburg zu den Proben gefahren. Als Eva für eine Lesung zwei Tage wegfahren musste, habe ich Wigand angerufen: Hol mich hier raus! Mein Auto sprang nicht an.

Wigand kam sofort. Das Abschleppseil war morsch. Wir mussten uns beeilen, es wurde schon hell. Er schaffte es, das Auto anzulassen, und ich fuhr zu Freunden in die Vogesen. Die Kinder setzte er in den Zug nach Berlin und blieb selbst in Straßburg. Er wurde von Zadek ins Kreuzverhör genommen, sagte, er habe keine Ahnung, wo ich sei. Wigand saß mit den anderen Schauspielern im Gasthaus und bekam die Ratlosigkeit aller mit. Hermann Lause, der inzwischen leider gestorben ist, sagte: »Sie hat die

Hamletkrankheit.« Offenbar war ich nicht die Erste, die mit dieser Rolle in eine tiefe Krise geriet.

Wigand rief mich an und sagte, ich müsse mich melden. Ich meldete mich, und sie kamen mit drei Autos hoch in die Vogesen.

Im Haus der Freunde stand ein rotes Sofa, auf dem saß ich, als Zadek kam. Er sagte: »Weißt du, Angela, wir nehmen das rote Sofa mit und stellen es auf die Bühne. Dann kannst du mit deinen Heften da sitzen und so den Hamlet spielen.« Ich schreibe nämlich meine Texte in Schulhefte. Er legte seinen Arm um meine Schultern, und ich fuhr mit ihm in seinem Auto nach Straßburg zurück. Wigand fuhr hinterher.

Auf der nächsten Probe stand wirklich das rote Sofa da.

Wir probierten zuerst die Szene zwischen Hamlet und seiner Mutter Gertrud. Das war schlau, denn er wusste, dass ich diese Szene liebte. Ich habe auf der Probe meine ganze Verzweiflung austoben können, habe die arme Eva Mattes, die die Gertrud spielte, über die Bühne geschleift, und Peter sagte: »Siehst du, es geht doch.«

Ich dachte aber immer noch, ich kann das nicht, ich kann gar nichts. Jetzt waren alle um mich besorgt, ob ich etwas bräuchte, was ich bräuchte … Ich wollte meinen Sohn Luca. Wigand fuhr wieder weg. Und der Text wollte und wollte mir nicht in den Kopf. Ich zählte die Tage bis zur Premiere und die Zeilen, die ich noch lernen musste, und war vollkommen sicher, dass ich das niemals schaffen werde. Ich stieg in den Zug und fuhr nach Berlin. Wie komme ich da raus? Ich habe einen Vertrag, aus dem ich nur komme, wenn ich ernsthaft krank werde. Klapsmühle wäre das Richtige. Ich verkroch mich und legte mich ins Bett. Dann nahm ich doch einen Anruf an. Es war Luc Bondy. Er inszenierte gerade in Luzern »Endspiel« von Beckett und erzählte von einem alten Schauspieler, der sich den Text nicht merken konnte und die Proben mit einem Knopf im Ohr machte. Ein tolles Gerät sollte das sein, das einem Satz für Satz souffliert. Ich solle doch kommen und es ausprobieren.

Ich fuhr nach Luzern, probierte das Gerät aus und fuhr mit dieser Maschine im Koffer mit einem Freund zurück nach Straßburg. Auf dem Weg von Luzern nach Straßburg gab es immer wieder Abzweigungen, die in die Auvergne führten, wo Wigand inzwischen war. Bei jeder dieser Ausfahrten schlug der Freund vor, dass wir ja noch abbiegen könnten. Aber ich habe es bis Straßburg geschafft. Ich ging zur Probebühne mit diesem Maschinenköfferchen in der Hand. Da stand Zadek. Ein eiskalter Blick. Ich sagte: »Jetzt bin ich da und haue nicht mehr ab.«

Der Knopf im Ohr half. Die Souffleuse saß in der

ersten Reihe und sprach mir Satz für Satz vor. Ich sprach Satz für Satz nach. Die Probebühne war sehr klein. Zadek hörte die Stimme der Souffleuse auch. Ich hatte in meinem rechten Ohr ihre Stimme und versuchte, mit dem linken die Sätze meiner Mitspieler zu hören. Dann wurde auch noch um die Souffleuse eine Kiste gebaut, damit sie für die anderen nicht mehr zu hören war.

Nach einer Woche sagte Zadek: »Weg mit dem Ding, Angela. Ich sehe an deinen Augen, dass du hörst, nicht, dass du denkst. Du kannst den Text.«

Das Ding kam weg, und ich konnte den Text.

Zum Trocknen ausgebreitet:
mein Hamlet-Textbuch nach einem Regenguss

Hamlet-Tagebuch

8. Februar 1999
Bin bei Thora von Bernstorff in Jasebeck bei Lüchow Dannenberg. Bin immer noch krank, spastische Bronchitis.
Es ist schön hier, gleich hinter der Elbe, ein altes Gutshaus, bisschen runtergekommen. Thora lebt allein hier und hat Gäste. Heute morgen war ich mit ihr einkaufen in Lüchow.
In der Geisterszene ist der lange geschwätzige Monolog von Hamlet, den lern ich jetzt – schwer! Es geht wieder um alles und nichts. Ich war eine Stunde draußen, bin zur Elbe gegangen. Hier wachsen viele uralte Eichen.
Pro Tag eine halbe Seite, das muss ich schaffen. Sonntag will ich wieder zurück, dann hätte ich wenigstens die ganzen Geist-Horatio-Szenen. Wenigstens die ersten 25 Seiten.

Es ist viertel vor 6. Ich bin eingeschlafen. Zwei Stunden war ich – weg.
Wache mit riesigen Kopfschmerzen auf, habe

getträumt: Zadek rief an, Uli Wildgruber sei gestorben, ich habe geschluchzt am Telefon wie ein Tier. Dann saßen wir alle am Tisch und lasen den schweren Hamletmonolog, ich las und bekam gar keinen Sinn, sah nichts mehr, fasste zur Brille, da war das Glas raus, wie durchgeschossen. Den Horatio – Schauspieler kümmerte es gar nicht, dass ich stotterte, der hörte irgendwie Sphärenmusik mit Kopfhörern, Zadek war schon lange weggegangen …

9. Februar
Wunderschöner Sonnentag mit Schnee.

Morgens eine Stunde zu der großen Eiche an der Elbe. Es geht mir nicht gut. Habe Kopfschmerzen und fühle mich schwach, zwei Stunden geschlafen, danach langer Spaziergang in die untergehende rote Sonne. Das tat mir gut, habe auch den Text laut sprechen können, ohne gleich husten zu müssen, stand auf dem Kilometerstein und sprach laut in den Himmel hinein. Die Wildgänse über mir.
Hinterher war ich das erste Mal erfrischt und habe mit Thora zu Abend gegessen. Morgen wollen wir um 9 Uhr arbeiten, d.h. wir lesen die Szene gemeinsam.
Jetzt ist es 9 Uhr abends. Ich will noch bis 12 Uhr lesen.
Es ist die Hölle, es ist die Hölle, es ist die Hölle.

Mitte März
2x bin ich jetzt ausgerissen, abgehauen. Es ist so furchtbar anstrengend.

19. April
Ach, ich mag gar nicht aufstehen, es ist alles so krampfig.
Morgen ist Samstag, Neles Geburtstag. Ach, wie gern würde ich zu Hause sein. Aber muss Text lernen. Es ist noch so viel und ich habe Angst, dass ich es nicht schaffe. Zadek hat Angst vorm Tod.

28. April
Peter hat uns bis zum Ende des Stücks durchspielen lassen, irgendwie ging es, alle hatten ihre Zettel in der Hand und ich hatte meinen Knopf im Ohr und fühlte mich das erste Mal ein bisschen frei.

29. April
Es wird für mich wohl die ganze Zeit der Kerker vorhanden sein, aus dem ich nicht raus kann. Zadek ist so unheimlich unter Druck, er verhält sich unmöglich. Am Wochenende soll ich nicht fechten. Mir recht! Ich miete mir ein Auto und fahre raus. Luca ist gestern weg. Er hat mir unheimlich geholfen. Ich hab den Text jetzt intus.

30. April, Walpurgisnacht.
Es war ein guter Durchlauf. Gestern auch schon. Ich bin körperlich wieder sehr fertig und fahre morgen aufs Land zu Andreas und Ivelyn. Freue mich, oh, wie ich das Land, die Natur brauche!
Wigand kommt am 5. Mai in die erste öffentliche Vorstellung.
Heute habe ich ein gutes Gefühl, dass ich es schaffe.
Otto Sander geht es nicht gut.
Mit Klaus Pohl als Horatio spiele ich so gerne, es ist für mich immer Erholung, wenn ich mit ihm bin, er fängt mich auf wie ein Freund, da geht es nicht um Schauspielkunst. »Ich freu mich, Dich zu sehn.« Er rührt mich und ich kann mich hinter ihm verstecken, er hilft mir aus der Patsche.

September 1999
Gestern hab ich eine Stunde lang Politik im Radio gehört und an Hamlet gedacht. Hab ihn an der Hand genommen und bin mit ihm ins Theater gegangen. Da stand er als einsames Menschenkind, das nach Liebe lechzt auf der Bühne, oder als verzweifeltes Tier, das an der langen Kette zerrt und reißt. Das viele Reden von Hamlet macht mir jetzt keine Angst mehr. Als ich da in meinem Turmstüberl in Straßburg saß, dachte ich doch auch ununterbrochen nach, und wir reden auch ununterbrochen und stellen diese ewigen Fragen. Der Satz, der mich

jedes Mal erschüttert und aufregt, weil ich ihn so stark mit unserer Welt in Verbindung bringe, heißt: »Ich muss grausam sein – nur um gut zu sein.« Das ist wie wenn ein Vorhang aufreißt .
Jetzt, wo ich diesen riesigen Text im Kopf habe, kapiere ich, was es heißt Shakespeare zu spielen, spielen zu wollen. In der Vorstellung gestern musste ich plötzlich innehalten von der Wucht des Begreifens: »Ich weiß nicht, warum ich lebe, um zu sagen, dies ist zu tun, da ich Grund, Mittel und Kraft und Willen habe, es zu tun.« Was für ein Satz!

In Jasebek an der Elbe stand ich irgendwann bei Thora auf einem Kilometerstein und hab den Wildgänsen in der Luft den Hamlettext zugerufen, ohne dass mich der Husten geschüttelt hat. Die Wildgänse schnatterten und da hab ich das erste Mal, glaub ich, etwas von Shakespeare begriffen und so geht es weiter.
Irgendwann, nach der 50. Vorstellung vielleicht, bin ich so hamletisch, dass ich lächelnd »Der Rest ist Schweigen« sagen kann.

Als Hamlet, 1999

Die Geschichte mit der Brosche

Auf der Premierenfeier zu der Netflix-Serie »Dark«, in der ich eine kleine Rolle hatte, sprach mich eine junge Frau an und erzählte, dass ihr Mann, der damals am Burgtheater Regieassistent war, bei der Premiere von »Nacht des Leguan« hinter der Bühne ohnmächtig geworden sei. Der Grund: Weil ich von der Bühne abgegangen war, um meine Brosche zu holen.

Ungefähr eine halbe Stunde, nachdem das Stück angefangen hatte, am Anfang des zweiten Aktes, wollte ich zur Brosche fassen, die normalerweise an meinem Kostüm angebracht war, um sie Eva Mattes, die die Hotelbesitzerin Maxime spielte, als Pfand für die Unterkunft zu geben. Aber da war keine Brosche. Die Garderobiere hatte vergessen, sie mir ans Kostüm zu stecken.

Es war nicht irgendeine Brosche. Sie war aus grünem Jade, über zwei Liebenden war ein fliegender Reiher eingeschnitzt. Und ich sagte: »Ich muss die Brosche holen.« Und ging von der Bühne ab.

Dann brach ein Chaos aus. Alle rannten hinter der

Bühne durcheinander und schrien nach der Brosche. Der Regieassistent ging ohnmächtig zu Boden. Eva war wunderbar. Sie stellte auf der Bühne die Gartenstühle von links nach rechts, dann wieder von rechts nach links und wieder zurück. Als ich noch immer nicht zurückkam, ließ der Inspizient den Vorhang fallen.

Es war die Premiere! Das hat es am Burgtheater noch nie gegeben.

Natürlich fand sich die Brosche dann in meiner Garderobe. Die Garderobiere sollte sofort gekündigt werden. Sie war erst vor zwei Tagen eingestellt worden. Nach zehn Minuten ging der Vorhang wieder auf, der zweite Akt begann noch einmal, und ich konnte Eva die Brosche überreichen. Das stand natürlich in jeder Kritik.

Nach der Premiere schob Wigand mich schnell ins Auto, die Premierenfeier fiel aus. Keiner hatte mehr Lust dazu.

Ein Jahr später stieg ich mit meinem Koffer in Paris an der Metrostation Saint-Germain aus, ging die Treppen hoch und landete genau vor dem Café de Flore. Dem Lieblingscafé von Sartre. Ich schaute in den lindgrünen Pariser Himmel und freute mich, wieder in dieser Stadt zu sein. Da hörte ich ein Klopfen an der großen Fensterscheibe des Cafés. Peter Zadek und Elisabeth Plessen klopften und winkten mir freudig-aufgeregt zu, hineinzukommen. Da stand ich mit meinem Koffer, die Scheibe zwischen uns, ich ging hinein. Der Bann war gebrochen. Wir freuten uns alle drei.

Irgendwann fragte Peter: »Sag mal, was hast du dir eigentlich gedacht, als du bei ›Nacht des Leguan‹ einfach von der Bühne gegangen bist? Warum hast du nicht einfach gespielt, dass die Brosche an deinem Kleid ist? Jeder im Zuschauerraum hätte es doch geglaubt.« Er legte den Arm um mich, so wie er immer den Arm um seine Schauspieler legte, wenn er mit ihnen ganz intim etwas besprechen wollte.

Ich sagte: »Weißt du, Peter, wenn ich die Courage gespielt hätte, dann hätte ich bestimmt geschwindelt. Aber ich habe die Hannah gespielt, von der Tennessee Williams sagt, sie hätte Ähnlichkeit mit seiner Schwester, sie sei ganz rein, fast wie eine Nonne. Es kam mir gar nicht in den Sinn zu schwindeln, so zu tun, als ob. Da bin ich einfach abgegangen, um die Brosche zu holen.«

Bretagne

Sommer 2018
Auf dem Weg zum Pointe du Raz
Nach zehn Schubkarren voll mit Unkraut ziehe ich meine Wanderschuhe an, gehe vom Hof den Weg runter zum Meer. Vorbei an weißen Schlehenfeldern und gelben Ginsterbüschen. Dann den schmalen Pfad hoch Richtung Pointe du Raz an den Klippen entlang. Die Sonne scheint mir die ganze Zeit ins Gesicht. Ich setze mich auf eine kleine alte Schulbank, die wie vergessen vor einem Café auf der Wiese steht, mit einer Rille für die Stifte und einem Loch fürs Tintenfass. Vor mir liegt das Meer. Ich lese Claudio Magris »Verstehen Sie mich bitte recht«. Ich muss mich auf eine Lesung in Berlin vorbereiten. Ich schaue auf meine Armbanduhr, wie lange es dauert. Es sind fast 60 Seiten. Viel zu lang für eine Lesung im Dunkeln. Die Zuschauer müssen stehen! Und in dem Bunker, in dem die Lesung stattfinden wird, ist es kalt.
Vor mir wächst blauer Borretsch und vom Wind angewehtes weißes Leinkraut. Rechts steht eine hohe Wand aus knorrigen Zedern, die den Wind abhalten.

Am Café, das leer steht, wachsen diese immergrünen hell lila Blumenteppiche, die jeder Bretone pflanzt. Sie vertilgen das Unkraut. Bei Sonne öffnen sie ihre Blüten und schimmern im Meereslicht. Fusant-Hecken halten den Wind vom Meer ab, sie haben lederartige Blätter, die in der Sonne silbern leuchten. Ein neuer Busch steht daneben: Auf dem Schild lese ich »Raphiolépsis Delacour« von der Gärtnerei Ladan.
Auf dem Rückweg gehe ich die Hauptstraße entlang und schaue über die Mauern der Vorgärten auf Wiesenmargeriten, blaue Hortensien, dunkelrote Unkrautblumen, die auch bei mir wachsen. Ich weiß nicht, wie sie heißen. Aus den Mauerritzen wachsen blaue Glockenblumen und die kleinen bretonischen Gänseblümchen. An einem Haus in Rosa stehen gelbe Schwertlilien und wilder Fenchel. Die kleinen Wege haben wunderschöne Namen: Impasse de la Rose efeuillée, Weg der entblätterten Rose; Rue des Hirondelles, Weg der Schwalben; Impasse des Camélies, Weg der Kamelien; Impasse du pourquoi pas, Weg des Warum nicht

Abends, kurz vor Sonnenuntergang, macht Wigand seinen Rundgang, er nennt das seine »magische Stunde«. Als ich die volle Schubkarre zum Kompost-haufen bei den Lorbeerbüschen schiebe, fragt er: »Kommst du mit zur magischen Stunde?«

Er begutachtet jeden Abend alles, was er gepflanzt hat, wer oder was besondere Pflege braucht, da die Wühlratten oft die Wurzeln abnagen. Er umzärtelt seine gepflanzten Bäume als wären es menschliche Wesen. Wie seine Bienen, die er täglich beobachtet. Er hat extra für sie Bäume und Sträucher und Rosen mit duftenden Blüten gepflanzt. Die Bienen schwärmen nur so hin und her und von den Ginsterbüschen aus zum Meer und zum lila Heidekraut an den Klippen. Der Honig riecht und schmeckt nach Meer und allen Blüten.
Die Bäume:
Erdbeerbaum oder Bienenbaum, arbutus unedo, blüht weiß und hat rote längliche Erdbeerfrüchte. Die roten Früchte schmecken wie die vom Maulbeerbaum.
Felsenbirne
Rotdorn
Meurisier – Wildkirschen
Blühende Eschen
Akazien
Judasbaum – das ist mein Lieblingsbaum. Die lila Blüten sitzen direkt am Ast und erst nach der Blüte kommen die Blätter.
Stieleiche – deutsche oder französische Eiche
Steineiche – das ist Wigands Lieblingsbaum.
Holunder
Quitte

Eukalyptus
Houx – Ilex mit roten Früchten – das war unser erster Weihnachtsbaum.
Weißdorn
Albizza – ein kleiner Baum mit rosa roten Blüten
Lorbeer
Erle
Mandelweide – blüht das ganze Jahr

Rings um unser kleines Dorf blüht in diesem Jahr Buchweizen. Weiß. Dahinter liegt das Meer. Es ist seit Tagen blau und man sieht die weiße Île de Sein. Ich bin zum ersten Mal seit dem Unfall, bei dem ich fast ertrunken wäre, wieder bei der kleinen Bucht ins Wasser gegangen. Vorher musste ich mir in der blauen Buvette mit einem Cassis Mut antrinken. Die Sonne brannte und ich lief den langen Betonsteg hinunter, auf dem die Fischer ihre Boote ins Wasser lassen. Am Ende des Stegs ist das Wasser sofort ziemlich tief. Schon nach zwei Schritten hatte ich keinen Grund mehr unter den Füßen. Ich blieb stehen, kehrte um. Das Meer war ganz ruhig. Die Angst vor dem Wasser habe ich wohl jetzt immer.
Ich gehe vom Meer die Straße hoch, es ist Viertel nach acht. Der Abendhimmel ist dunkelrot durchfurcht. Ein roter auslaufender Stern breitet sich über das Meer. Die kleinen Pappeltriebe sind rosa angehaucht. Wind kommt auf. Oben geht ein kleiner Sandweg rechts ab,

macht eine Kurve nach links, dann geradeaus, wieder nach links und ich sehe unser Haus ganz hinten mit den dunklen, schief gewachsenen Meerespinien. Der Himmel ist jetzt blutrot, ich sehe kaum noch den Weg und trete auf etwas Weiches. Ein Bovist. Es hat in den letzten Tagen viel geregnet.
Jetzt sehe ich den Mond. Er leuchtet mir die letzten hundert Meter zum Haus, vorbei an den Feldern, hinter denen man das Meer sieht. Wigand hat auf der großen Wiese einen See ausgehoben, in dem sich der Himmel spiegelt. Links, rechts, geradeaus, der Weg schlängelt sich. Die verrostete Lampe an der Hauswand leuchtet. Der Himmel ist immer noch rot wie ein großer Vogel, der seine Schwingen ausbreitet. Auf der anderen Seite steht der klare Vollmond.
Das Haus lockt. Wigand wird gekocht haben. Es ist wieder windstill. Ich sehe die schiefen Bäume rund ums Haus, links liegt das jetzt bleigraue Meer und weiter hinten die Lichter von Île de Sein, davor blinkt der Leuchtturm von Trevec.

Es ist ein wunderschönes lebendiges Dorf geworden. Zwanzig Jahre lang hat Wigand daran gearbeitet. Die letzten Jahre zusammen mit Gregor aus Polen. Wigand bereitet ihm täglich das Essen, das er hastig herunterschlingt, um schnell wieder bei seiner Arbeit zu sein. Er steht jeden Morgen um 7 Uhr auf und arbeitet bis 19 Uhr. Ich sehe jeden Morgen das Licht angehen, drehe mich noch einmal auf die Seite, stehe um 8 Uhr auf, um für Wigand und mich Frühstück zu machen. Mit dem Daumen und Zeigefinger zerquetsche ich jeden Tag die Kellerasseln, die im ehemaligen Schweinekoben, dem Nelehaus, an den nassen Wänden herumkrabbeln, und spüle sie die Toilette runter. Endlich nach Tagen hatte ich sie alle erwischt.

In Kerhuet in der Bretagne

Über meine Arbeit zu sprechen, finde ich schwierig

Ich möchte nicht urteilen. Wenn ich an etwas arbeite, bin ich mittendrin. Oft schreibe ich Tagebuch, wenn ich Proben habe. Wenn die Arbeit fertig ist, spiele ich, und alle können es sehen. Es ist wie bei einem Maler, der ein Bild malt und sagt: »Da sieht man es doch.«

Nur ist es beim Theater anders. Das Bild bleibt. Das Theater ist, sobald das Stück abgespielt ist, verschwunden. Weg. Es interessiert mich nicht mehr. Das ist das Schöne am Theater. Das Flüchtige.

Wenn ich sage, ich schaue gern nach vorn und nicht zurück, ist es auch gelogen. Ich schaue gern alte Fotos an. Aber es sind Erinnerungen, und Erinnerungen sind unscharf. Wenn ich auf meine Arbeiten, auf die Rollen zurückschaue, bleibt vom Leben in dieser Zeit viel mehr in Erinnerung. Wo und wie wir damals lebten, wie groß die Kinder waren, welches Haus, welche Gärten. Die Arbeiten selbst, die Rollen sind eigentlich gar nicht da. Es ist alles verschwommen. Hamlet mit dem Dolch.

Fräulein Schneider in »Cabaret« im Spiegelzelt, die Seeräuber-Jenny …

20. Dezember 2017
Heute Abend spielen wir im Berliner Ensemble »Die Dreigroschenoper«. Die Aufführung ist von der neuen Intendanz übernommen worden. Gestern wurden wir bejubelt. Nach zehn Jahren ist es immer noch ein so großer Erfolg. Uns flogen beim Applaus Rosen entgegen, das Publikum stand auf. Vielleicht hat Claus Peymann ja diese Ovationen mit den Rosen organisiert? Wäre ihm schon zuzutrauen.

Seit über zehn Jahren stehe ich in Bob Wilsons Inszenierung im Berliner Ensemble als Seeräuber-Jenny auf der Bühne. Mit dem herrlichen »Salomon-Song«. Meine erste Arbeit mit ihm war in Shakespeares »Wintermärchen«. Auch am Berliner Ensemble. In der »Dreigroschenoper« wollte er mich als Mrs Peachum besetzen. Ich musste ihm absagen, weil ich zur selben Zeit mit Peter Zadek Proben für »Was ihr wollt« von Shakespeare hatte. Diese von Anfang an sehr schwierige Arbeit ist irgendwann geplatzt. Peter Zadek wurde für unabsehbare Zeit krank, und wir, »seine« Schauspieler, wollten nicht mit einem anderen Regisseur weiterarbeiten. Wir hatten uns alle extra für ihn Zeit freigeschaufelt und Projekte abgesagt. Zuerst stieg Susanne Lothar, die die Viola spielte, aus, weil ihr Mann todkrank war. Ruckzuck war sie umbesetzt. Es ging nur noch darum, das Projekt durchzuführen. Es kam uns vor wie ein Geschäft. Es ging nicht mehr um uns, »seine Schauspieler«, wir waren plötzlich ersetzbar und lehnten es ab, die Produktion ohne Peter Zadek weiterzumachen.

Ich glaube, niemand von uns hat ihn wiedergesehen.

Ein Jahr später ist er gestorben.

Ich spielte ja noch immer in Inszenierungen von ihm. Mit »Peer Gynt« waren wir auf Gastspielreise in Lissabon. Ich vermisste ihn sehr.

Den Brief habe ich nie abgeschickt:

10. Juli 2008
Lieber Peter,
ich bin einen Tag früher nach Lissabon geflogen. Jetzt sitz ich im Café, wo Fernando Pessoa wohl oft seine Cafèstunden verbracht hat. Morgen ist Probe. Und so sitze ich hier und denke an dich und schreibe, und entweder liest du es oder nicht. Es ist ja eigentlich egal.
Morgen öffnet sich der Vorhang, und ich laufe dem Uwe hinterher in meinen Gummistiefeln und der Kittelschürze und sage: »Du lügst.« Ich sehe die Szene vor mir und frage mich gerade, ob ich noch so laufen kann.
In Spoleto haben wir vor drei Tagen »Die Drei-

groschenoper« gespielt. Im Hotel im Badezimmer bin ich auf einer Stufe nachts beim Tasten im Dunkeln zur Toilette ausgerutscht und voll aufs Knie gestürzt. Das ganze Knie ist blau und Schleimbeutel weich.
Die Menschen saßen im Theater wie in Höhlen, wie in Bienenwaben, und bei meinem »Salomon-Song« hatte ich das Gefühl, sie kommen aus ihren Löchern und bibbern mit, und ich hab mich bissl wie die Callas gefühlt – »frenetischer Beifall« – allerdings hat mir der Wilson ein super Licht gemacht.
Ich habe mit dem Christoph Schlingensief gearbeitet, hatte nur vier Proben – im Gorki-Theater-Studio, zweimal haben wir gespielt ohne Öffentlichkeit, ohne Kritiker, Freunde waren drin, in der ersten Reihe saßen der kranke Werner Schröter und Alexander Kluge. Ich stand mit behinderten Schauspielern – sind die toll!!! – auf der kleinen Bühne. Er selbst trat auch auf. Er hat über seine Krankheit, seine Ängste und Phantasien gesprochen. Ich liebte es sehr – und vielleicht, wenn er es schafft, arbeiten wir bei der Ruhrtriennale im September zusammen. Ich hab diesen Menschen gesehen und lieb gewonnen. Seine Haare stehen wild ab, grau geworden, und die Augen leuchten, bersten vor Tatendrang. Er hat mich gefragt, und ich hab gesagt: »Ja, ich mach mit.« Ich hatte noch nie etwas von ihm gesehen.

Dieser Abend war so – ich weiß nicht, wie ich ihn beschreiben soll – mutig? ehrlich? offen? schonungslos? Und alle in dem kleinen Raum haben das begriffen. Einen Tag zuvor ist Grüber gestorben, und eigentlich, ja eigentlich habe ich für Grüber gespielt, es war eine Art Requiem, eine Art Totenbegräbnis, aber ein befreiendes, weil diese Offenheit da war. Man hörte Christophs Stimme vom Band, wie er mit dem Arzt spricht und weint und hadert, alle seine Gedanken, seine Gespräche mit seiner Mutter, und manchmal ist es ganz komisch – so wunderbar komisch und man lacht gemeinsam. Ich bin dankbar, dass ich dabei sein durfte.
Ende September fange ich an, Ibsen zu proben an der Schaubühne. »John Gabriel Borkmann« mit Sepp Bierbichler und Kirsten Dene. Mit Sepp habe ich so gerne im »Kirschgarten« gespielt. Außerdem kommt es in Rennes in der Bretagne raus, und in Paris wird es auch gespielt.
Jetzt fahre ich in Ferien nach Frankreich. Meine Mutter ist am 7.7. 95 Jahre alt geworden. Wir waren alle da. Ihre Finger sind inzwischen wie Krallen (Arthrose), aber sonst freut sie sich wie ein junges Mädchen, und sie sieht so schön aus, so zart und durchsichtig. Ich wünsche Dir und Elisabeth alles Gute und viel Spaß in Italien.
Habt's gut,
Angela

Als Seeräuber-Jenny mit Stefan Kurt in der »Dreigroschenoper«, Berliner Ensemble, 2007

In der Maske zur »Dreigroschenoper«

Ich will nichts beweisen müssen

Januar 2013
Bob Wilson sagt von mir, er liebt die Stille und Ruhe, die ich ausstrahle, und dass ich nur 70 Prozent gebe. Jetzt weiß ich, was er meint.
Es stimmt, ich habe eine Ablehnung »perfekt« zu sein. Jeder Mensch muss heute, ob er will oder nicht, 100 Prozent perfekt sein, um allem gerecht zu werden. Und genau das will ich nicht, ich sträube mich dagegen. Vielleicht, weil ich Nele habe. Das ist das, was ich immer mit Wurstigkeit gegenüber dem Beruf meine. Ich will mich nicht aus der Ruhe bringen lassen durch irgendeinen Ehrgeiz. Ich will nichts beweisen müssen.

Ich hatte Robert Wilson zugesagt, bei der Ruhrtriennale in der Oper von Helmut Lachenmann »Das Mädchen mit den Schwefelhölzchen« mitzuspielen und fuhr zum Textlernen aus der Bretagne in die Auvergne. Der Text ist eine Partitur. Mit bunten Stiften habe ich ihn mir in mein Heft geschrieben. Die Worte, die Pausen, der Rhythmus haben

Farben. In der Auvergne war ich ungestört, konnte mir die Oper wieder und wieder anhören, laut sprechen, rufen, fantasieren.

20. Juli 2013
Ich bin mit dem Mercedes, der flach liegt und leicht aufsetzt, vollkommen unpraktisch für diese Gegend, in die Auvergne gefahren. Aber gut für die lange Fahrt von der Bretagne hierher, das Auto rast. Und ich hatte einen Schutzengel. Ich bin eingenickt und plötzlich schreckte ich auf – ich hatte wirklich Glück. Der Mercedes hat eine Delle und eine Schramme, ich bin an die Leitplanke geknallt, Gott sei Dank war da eine. Ein Lastwagen hatte mich überholt, gehupt, das hat mich aufgeweckt und ich habe instinktiv das Lenkrad rumgerissen …
Ich bin erst am Mittag aus Kerhuet weggekommen und war schon seit 7 Uhr früh auf. Das Wetter war brütend, kurz vor einem Gewitter. Nach drei Stunden merkte ich, dass ich nicht mehr kann, suchte nach einer Raststätte, die nicht kam. Der Verkehr vor Nantes wurde immer mehr. Und dann ist es passiert. Danach habe ich in einer Raststätte etwas gegessen und bin weiter nach Clermont-Ferrand gefahren. Sehr langsam, weil ich in der Dunkelheit nicht mehr gut sehen kann. Schließlich bin ich kurz vorm Ankommen in den Graben gefahren.
Es war nachts, Mitternacht.

Heute Morgen hat mich Tristan mit dem Traktor wieder rausgezogen.
Die Grillen zirpen, der Mond scheint und Fliegen laufen über das Papier. In der Bretagne gibt es keine Fliegen.
Jetzt habe ich eine halbe Flasche Rosé getrunken. Morgen trinke ich nur Pfefferminztee. Es muss sein – ich bin mit dem Leben davongekommen.
Ich bin saufroh hier zu sein. Es ist die reine Natur und ich sage mir: Lass doch die Unkrautblumen stehen, sie sind doch wunderschön, und ich lasse sie stehen und habe weniger Arbeit. Das lernt man hier, dass die Natur einfach größer ist als der Mensch und es schon selbst richtet. Hier, an diesem verwunschenen Ort, gehen dir die Augen auf, du willst allen Schund wegschmeißen.
Morgen höre ich den ganzen Sonntag Lachenmann – und dann werde ich schon viel weiter gekommen sein.

23. Juli
Gerade ist ein Wahnsinnsunwetter, es ist stockdunkel und gießt kerzengrade vom Himmel herunter.
Ich war auf dem Markt, habe Cosmeen und kleine Tagetes gekauft und in der Quincaillerie die Gasbombola ausgetauscht, die ich dann mit einem großen Sack Pflanzenerde und den Markteinkäufen von Chazeux mit der Schubkarre bei glühender Mittagshitze den Hügel hoch schob.

Heute bin ich um 7 Uhr aufgestanden. Es ist immer noch ganz dunkel draußen und es gießt und gießt wie aus Kübeln. Die Kaminklappe ist nicht dicht. Es plätschert in den Kamin – die Wannen sind bald voll. In der Ferne höre ich das drohende Poltern des Gewitters. Irre, dass das Haus dieser Witterung so lange standhält.

Jetzt ist es 10 Uhr, das Unwetter ist noch lange nicht vorbei. Lachenmann würde das Geräusch lieben. Es kommt sogar im »Mädchen mit den Schwefelhölzern« vor. Der Lachenmann-Text ist nicht am Meer orientiert, sondern an den Bergen.
Am Meer klingen die Unwetter ganz anders. Da brüllen die Wogen unten, wenn die Wellen an die Felsen krachen.

Hier ist jetzt alles still – alles hält erschrocken inne. Auch die wilden Bienen oben im Dachstuhl. Sie waren die ersten, die gemerkt haben, dass ein Gewitter naht. Sie machen ein anderes Geräusch, ein ganz besonderes Summen. Ich habe durch die Bienen gehört, was für Geräusche es in der Luft gibt, da bekam der Text Leben.

Jetzt fällt es mir wie Schuppen von den Augen: Es ist Mitternacht!
Es ist derselbe Tag, an dem ich mit der Schubkarre

mit der Bombola, dem Sack Erde, Früchten und den kümmerlichen vier Pflänzchen hierher gewankt bin. Dann habe ich mir etwas gekocht, eine halbe Flasche Rotwein getrunken und dann war ich fix und fertig und habe mich hingelegt und bin eingeschlafen. Und von einer klitzekleinen Fliege geweckt worden.

25. Juli
Gestern fiel mir die Decke auf den Kopf. Ich bin um 15 Uhr nach L'Herm gegangen, die Sonne schien. Ich wollte wissen, wie da der Weg aussieht: schlecht, alles ausgespült. Und dann kam wieder dieses gehasste Grollen. Ich habe in L'Herm unter einem Scheunendach gewartet, bis der Regen vorbei war. Ich habe mit dem Bauern gesprochen. Es gibt noch sieben alte Menschen im Dorf, keine Kühe mehr, nur noch ein paar Hühner. Beim ersten Sonnenstrahl kam er zu mir und hat neugierig das Gespräch gesucht.
Es ist hier nichts mehr los. Die wenigen Touristen sind nach wenigen Tagen wieder abgefahren. Es gibt auch kein Café, nur die sieben alten Menschen mit wenigen Zähnen.
Das schönste im Dorf war eine Madonnenlilie, eine weiße und unberührbare Blume, die alles erhellte, und ich bin wieder durch den Wald nach Hause gegangen mit dem bunten Textheft in der Hand.

27. Juli
Heute ist Freitag und ich glaube, es wird der schönste Tag. Seit 8 Uhr weht schon ein Lüftchen. Jetzt ist es 9 Uhr und ich gehe an meinen Text ran!

Ich bin jetzt fast eine Woche hier.
Gestern kam ich nach meinem 5-Stunden-Ausflug an ein einsames Haus. Da saß ein Mann mit dem Rücken zu mir und schaute ins Tal, die Hände am Kopf, in sich zusammengesunken. Allein sind die Alten. Sie leben nur noch, um zu sterben, keine leuchtende Blume war am Steinhaus.
Trotzdem ist das Land im Sommer wunderschön. Es wehte heute ein wunderbarer, erfrischender, lebendiger Wind, der leider zum Sturm wurde. Habe es gerade noch geschafft, die Malven hochzubinden. Die schöne Rosenwand ist teilweise heruntergefallen.
Ich fahre wohl übermorgen.
Habe auf dem Markt zwei alte Weingläser, ein rotes und ein grünes Glas, für Wigand und mich gekauft.

Ödipus

14. April 2018
Fliege von Paris nach Venedig. Business Class, 2. Reihe. Bin im Luxus. Ich lese im Ödipus-Text.

Robert Wilson inszeniert »Ödipus«. Ich habe zwar keine Rolle darin, denn Ödipus wird von einem Tänzer gespielt, aber er braucht meine Stimme. Ich muss Italienisch lernen. Die Inszenierung hat in Pompeji Premiere, anschließend geht sie nach Vicenza, dann nach Neapel und zuletzt nach Epidauros auf dem Peloponnes. Ich reise gern.

Vicenza, Oktober 2018
Nach der Probe mit Bob bin ich in einem Hotelzimmer in Riva am Gardasee. Presse meinen Kopf mit der Stirn gegen den großen Spiegel neben der Tür. Jetzt sehe ich nur ein großes dunkles Auge und ein spitzes Kinn. Mein Kopf ist wie leer. Habe versucht den italienischen Text zu sprechen und habe das Nichtkönnen so enorm gespürt, dass ich nur noch abhauen wollte.

Die Tage waren richtig schön italienisch. Das Teatro Olimpico ist das schönste Renaissancetheater. Ich sitze mit einem Hütchen auf dem Kopf zwanzig Minuten ganz allein auf dieser Bühne, im schönsten Bob-Wilson-Licht, und muss ganz nach oben in den blaugelben Bühnenhimmel schauen. Dann erscheint Ödipus und es wird wild, gefährlich und zerstörerisch. Die Vorstellung ist kurz. Sie dauert nur 1 Stunde 15 Minuten.
Bob sagt: Schau in den Himmel, schau einen Stern an und lächle. Zwanzig Minuten. Ich lächle natürlich nicht. Zwanzig Minuten lang lächeln? Wenn ich zwanzig Minuten auf der Bühne still sitze und in den Bühnenhimmel schaue, muss ich das ganze Theater einfach absurd finden. Die Konzentration ist so hoch, dass sie sich manchmal wie von selbst auflöst und ich befreit aufatme. Ich höre übergenau die Einsätze der so unterschiedlichen Stimmen und muss lächeln, wenn ich meine eigene Stimme höre. Sie klingt wie von einem fragenden Kind. Ich sehe nichts. Ich muss neben die Scheinwerfer schauen, sonst verbrennen meine Augen. Durch diese Konzentration, nur nach oben zu schauen, wird der Kopf ganz weit und offen, und es kommen mir die irrsten Gedanken und Erinnerungen in den Sinn. Doch lächeln bedeutet darüber zu stehen, es löst die Strenge der Form auf. Es ist ein kleiner Sonnenstrahl. Ein »Tröstenkuss«, wie Nele sagt.

Teatro Olimpico in Vicenza

»Ödipus«, 2019

Berlin-Neukölln

24. August 2018
Zurück in Berlin gehe ich Schritt für Schritt. Habe es mir vorgenommen.
Ich genieße meine kleine Wohnung. Sie ist kühl, auf der Straße draußen ist es sehr heiß. Muss an Wigand denken: auch hier in der Stadt das gleiche stöhnende, hässliche Taubengurren wie in der Bretagne. Die eine Taube, die oben in der Zypresse haust, die Wigand so hasst. Schon lange liegt das Luftgewehr oben auf dem Esswarenregal.
Erledige Papierkram und freue mich über unsere gestrige schöne Vorstellung von den »Frauen vom Meer«, freue mich, dass ich dabei sein kann am RambaZamba Theater und mit Nele spiele. Sie ist so wunderbar einfach und offen, wenn sie mit mir spielt.
Gerade lese ich: Du bist stark. Aber manchmal heißt stark sein auch umzukehren, wenn es nicht mehr weitergeht.

Ich wohne in einer Gegend mit vielen Internetcafés und Spätkaufshops, mit vielen Polizeieinsätzen und

Blaulichtern, die die Hermannstraße entlangrasen. Das verstört mich eigentlich am meisten. Vor fünf Jahren hat mich die überall liegen gebliebene Hundekacke gestört, bis ich mir ein Klappfahrrad gekauft habe, mit dem ich bis zur U-Bahn radle und nicht mehr vor mich auf den Boden schauen muss. Ich fahre mit der U8 zum Theater und auch nachts nach Hause. Ich komme auf dem Weg an Friedhöfen vorbei, an einem Zauberladen, der »Zauberkönig« heißt, an Waschsalons und Dönerbuden. Der »Papaweg« war einmal ein Treffpunkt auf dem Weg direkt zum Tempelhofer Feld, eine Currywurstbude, wo sich die Männer beim Bier trafen, deswegen »Papaweg«. Ich biege ab und gehe eine lange Straße mit Kopfsteinpflaster entlang, weit oben, nah am Tempelhofer Feld links, da wohne ich im 1. Stock. Wigand hat die Wohnung neu mit alten Atelierfenstern und maurisch abgerundeten Wänden ausgebaut. Sie ist klein und schön. Ich fühle mich darin wie eine Studentin. Ringsum wohnen fast nur Studenten, Franzosen, Italiener, Engländer, Amerikaner und viele aus dem Osten. Sie treffen sich im »Lipopette«, einem französischen Bistro, das vor vier Jahren aufgemacht hat und boomt.

Die Alten, die noch hier wohnen, sind meist arm, krank und trinken zu viel Alkohol.

Januar 2018
Nele und ich haben heute die Szenen zwischen Ellida und Bolette zusammen gelesen und Pellkartoffeln und Heringsfilets gegessen. Erst am Nachmittag sind wir aus dem Haus gegangen. Nele in einem weißen Sommerrock mit Blumenmuster und einem verblichenen Daunenmantel und einer gehäkelten Kindermütze, die sie schon in Krautsand trug. Ich zog die Pelzmütze mit den vielen Trotteln an, die ich am Maybachufer für 1 Euro gekauft hatte. Wir kamen uns vor wie zwei Trolle in Neukölln.

Sitze mal wieder im Speisewagen und fahre nach Hamburg. Wir spielen »Arsen und Spitzenhäubchen«, wie »Die Dreigroschenoper« bereits im zehnten Jahr. Kaum steht es im St Pauli auf dem Spielplan ist es ausverkauft. Das kleine Theater neben der berühmten Davidswache auf der Reeperbahn mit seinen roten Pluschsesseln ist wie ein kleines Shakespeare-Theater. Wir sind eine super Besetzung. Uwe Bohm, Christian Redl, Deborah Kaufmann, Gerd Garbers, Oliver Urbanski, Knut Koch, George Meyer-Goll. Eva Mattes und ich spielen die beiden Giftmischerinnen. Eva spielt die resolute Abby, die im Befehlston nach der verhuschten »Martha« ruft, die ich spiele. Mit der hohen Stimme meiner Mutter rufe ich »Abby!« und ziehe den i-Laut tirillierend in die Höhe, wenn wir zu der Truhe trippeln, um den nächsten Toten zu begutachten. Das Publikum kreischt und jubelt seit zehn Jahren immer an denselben Stellen.

Eva fragte mich einmal, ob Zadek gefallen würde, wie wir spielen. Ich glaube schon.

Ich habe mich immer schon danach gesehnt, Komödie zu spielen, so wie ich gern in einem Western gespielt hätte.

Ich habe mir den Film über Peter Zadek von Elisabeth Plessen und Klaus Feddermann angeschaut: »Ich träume von einem Theater, das Mut macht«. Schon dieser Titel ist toll. Ich sah alle diese wunderbaren Kollegen. Viele von ihnen sind gestorben. Am Ende kam ich mit meinem Hamletmonolog »Sein oder Nichtsein«. Otto Sander als Claudius mit seinem Reuemonolog. Und ganz am Schluss des Films sah man Hermann Lause als Firs, der alte Diener, der übrig bleibt auf dem Gut der Ranjewskaja, nachdem der Kirschgarten verkauft worden war. Wie er seine gespielt steifen alten Gliedmaßen anwinkelt, an der Zimmerwand langsam zu Boden gleitet, dann die Beine an den Körper zieht und wie ein Baby daliegt, bis der Vorhang fällt. Lauter stille Momente voller Einsamkeit, so genau und liebevoll erspielt und erzählt, dass mir vor meinem kleinen Abspielgerät die Tränen kamen.

Januar 2018
Sturm in Deutschland! Und in der Bretagne. 135 km pro Stunde. Aber kein Dach ist weggeflogen. In Hamburg hat es bis jetzt geregnet, der Himmel reißt auf und die Luft wird blau.

Je älter ich werde, desto mehr liebe ich wildes Wetter.
Gerade habe ich die Haare abgeschnitten und fühle mich leichter, offener, beschwingter. Komisch, dass die Länge der Haare bei einer älteren Frau so viel ausmacht. Den Hals muss man etwas sehen, wie er von der Schulterpartie aus in die Höhe strebt, und der Kopf wird sofort freier und lebendiger. Den alten Hals sieht man dann allerdings.

Bin am Meer. Seit zwei Tagen stürmt es. Es ist fünf Uhr morgens. Wir können nicht schlafen. Ich sehe das Licht von Wigands Computer. Am 5.1. fliege ich wieder nach Berlin. Spiele am Deutschen Theater »Drei Schwestern«.
Nach drei Tagen Regen ist der gewaschene Himmel lichtblau. Ich habe Honig in kleine Gläser abgefüllt. Es sind ungefähr 80 Gläser geworden und ein großer Eimer muss noch abgefüllt werden. Ich male eine Blume mit vier Blütenblättern und in der Mitte knallroten Staubgefäßen als Etikett. Rundherum ist es sonnengelb und ich schreibe in lindgrün:

Miel de Bretagne-Kerhuet, Wigand und das Abfülldatum. Bisher haben wir alle Gläser verschenkt. Für mich gibt es nichts Schöneres als ein Brot mit Salzbutter und Wigands Honig.
Ich spüre das Meer, sehe den windgepeitschten Ginster, das rostrote Heidekraut, überall fliegen Wigands Bienen herum. Die Bäume, die Büsche, die oft das ganze Jahr blühen, die Ringelblumen leuchten auch jetzt noch auf ihren zerrupften Stielen. Jetzt im Januar fängt der Rosmarin wieder an zu blühen und am Judasbaum sehe ich schon an den kleinen Ästen die krusseligen Knospen, die bald vor den Blättern aufspringen. Gestern habe ich Tulpen und Narzissen um die Bäume herum in die Erde gesteckt. Am Abend haben Wigand und ich zur »magischen Stunde« einen Rundgang übers Grundstück gemacht und all das Wachsende, sich gegen den Sturm Wehrende bewundert. Wie konsequent und stark die Natur ist.
Paul Celan hat eine Weile mit seiner Frau Giselle in der Nähe von Brest gelebt. Er schreibt über die Bretagne: »Die Landschaft steht dem Menschen auf archaische Weise gegenüber. Die Menschen sind auf ihr Bewusstsein verwiesen und auf ihre je eigene Einsamkeit. Sich in der eigenen Fremdheit begegnen heißt aber vielleicht auch: sich im Tiefsten begegnen. Das Ich konfrontiert sich mit dem Elementaren. Das Ich ist nicht mehr aktiv, es tritt zurück. Jetzt handelt

der Ginster, jetzt handeln die Hänge in Tréboul, der Dorn und das Nichts.« (1957 Brest)
Der gelbe Ginster fängt wieder an zu blühen. In der Abenddämmerung leuchten die Segelboote rot. Der Mond leuchtet über dem Weg nach Tréboul. Die ehemalige Seeräuberkneipe ist wieder hergerichtet worden, geweißelt und mit roten Fensterläden.

Im Zug

Oktober 2018
Ich bin in Prag und drehe für den Film »The Wall«. Gestern war eine schwere Szene. Vormittags hatte ich frei. Bin rumgelaufen und habe in einem Secondhand-Laden eine schwarze Cordjacke gefunden und eine Ballonmütze für Nele. Sie findet solche Mützen cool.

Sitze im Zug und fahre an der Moldau entlang. Es ist Herbst geworden. Prag gefällt mir. Ich fühle mich wie in einer anderen Welt. Ich verstehe die Sprache nicht und kann sie auch nicht lesen. Ich bin gestern nach dem Drehen vom Hotel aus bis Mitternacht durch die Stadt gebummelt. Das Hotel liegt zwar im Zentrum, aber wohl eher am Rand. Alles sieht ziemlich verkommen aus, deshalb auch die vielen Secondhand-Läden und dunkle Kneipen und die bunten Spätkauf-Läden, diese winkenden Katzen in allen Größen, russische Puppen, die ich als Kind so liebte.

Jetzt sitze ich in dem tschechischen Zug zurück nach Berlin. Sonniger Dunst liegt auf den Feldern. Weiße Kühe grasen und ich denke an meine Mutter, die so gerne reiste. Sie harrte nur ihres Mannes wegen in Erlangen aus. Als mein Vater starb, fing sie an viel zu reisen. Zurück in Erlangen besuchte sie an der Universität kunstgeschichtliche und philosophische Vorlesungen. Sie war neugierig. Sprach alle Menschen an und ich höre sie immer Fragen stellen. Sie kannte jeden in Erlangen, vom Bürgermeister über den Pfarrer bis zum Gärtner. Sie ging nur zu Konzerten in die Kirche und liebte es, sich dafür in Schale zu werfen.

Sie hatte einen eigenen Kleiderstil. Sie ließ sich ihre Kleider nähen. Sie trug meistens Seidenstoffe, der Schnitt war einfacher Hemdblusenstil, der Hals musste immer frei sein, die Knopfleiste stand offen. Auch trug sie nie ein Unterhemd oder Unterkleid, sie trug die Kleider oder Pullover, immer mit V-Ausschnitt, auf der nackten Haut. Ihre Schuhe hatten immer einen hohen Absatz. Bis zu ihrem Tod. Am Ende trug sie ein Paar mit völlig heruntergelaufenen Absätzen, die Schuhe hingen an ihren geschwollenen Füßen, die in den letzten Jahren umwickelt werden mussten. Hausschuhe hasste sie. Sie hatte auch keine.

Jetzt ist die Moldau »in Nebel eingehüllt«, ganz nah. Sie hat nie eine Creme für ihren Körper und ihr Gesicht benutzt. Doch hatte sie die wunderbarste Haut. Sie hat sich immer mit kaltem Wasser gewaschen. Wasser, das war ihr Elixier.

Der Nebel hat sich verzogen. Der Zug fährt in die kleine Stadt ein, Ústí nad Labem. Danach kommt Bad Schandau, dann Dresden, dann Berlin-Südkreuz. Gerade fährt der Zug an einem gelb blühenden Tagetes-Vorgarten vorbei.
Meine Freunde und ich, wir verlieren gerade unsere Väter und Mütter, wenn wir sie nicht längst verloren haben. Aber das Verlieren wird schwerer. Es ist so eine Art von tiefer Wehmut in mir, die ich so bisher nicht kannte.
Jetzt, drei Jahre nach dem Tod meiner Mutter, denke ich fast jeden Morgen an sie. Ich wache mit ihr auf. Ich weiß nicht, ob ich von ihr geträumt habe, aber sie ist irgendwie da. Das war bisher nicht so.
Wir fangen an uns zu akzeptieren im Älterwerden, zu trösten. Wir sind ja die Nächsten.

Meine Mutter war eine geborene Otto. Ihr Vater war Dirigent beim NDR in Hamburg und Erster Geiger. Ihr Vater ist früh gestorben. Er war mit seinem Orchester oft auf Reisen. Ihre Mutter sieht auf den Fotos streng aus. Ihr dunkles Haar ist zurückgebunden mit einem strengen Mittelscheitel. Sie hatte drei Töchter. Meine Mutter war die Älteste der Mädchen. Einen Bruder gab es auch. Er war das schwarze Schaf der Familie.

Er war Musiker und spielte wunderschön Geige, wie Andrej, der Bruder der drei Schwestern bei Tschechow. Er hat mich in meinem Wunsch, Schauspielerin zu werden, sehr unterstützt. Er ist leider viel zu früh gestorben.

Meine Mutter war ehrgeizig. Sie wollte, dass ich einen Prinzen heirate. Zumindest einen Arzt. Sie wollte, dass ich mich vornehm kleide, mit hellen Stoffen, hohen Schuhen. Nichts davon habe ich gemacht. Habe weder einen Prinzen noch einen Arzt gesucht, sondern bin mit den Arbeiterjungen hinten auf dem Moped in den Wald gefahren.

Ich trug Schwarz, keine hohen Absätze, sperrte mich in meinem Zimmer ein und schrieb Gedichte an einen fremden Jungen, der in einer Lungenheilstätte in Meran lebte. Ich fuhr im Sommer mit der Familie nach Meran in Ferien. Wir wohnten bei einer Bauernfamilie, wo ich den Jungen dann traf. Wir wanderten stundenlang über die Berge, und er begeisterte mich dafür, zu dichten, zu lesen und zu sprechen. Die Begegnungen mit diesem kranken Jungen sind mir noch so gegenwärtig wie das kleine viereckige Feld, das ich in den Bergen unter mir liegen sah und bei dessen Anblick mir die Tränen kamen. Es muss wohl zur selben Zeit gewesen sein. Meine Eltern waren auf diesem Spazierweg längst um die Ecke gebogen, als ich mich von diesem Anblick losriss und ihnen hinterherlief. Es war ein kleines viereckiges Feld, frisch umgepflügt von Menschenhand in der Südtiroler Berglandschaft.

Zwei Tage bevor meine Mutter starb, habe ich sie mit einer alten Kamera, die mir mein Sohn Lasse gegeben hatte, fotografiert. Die Fotos sind verschwommen. Man sieht etwas in einem großen Lederstuhl, das wie ein Unwesen aussieht. Sie sackte in den letzten zwei Tagen immer mehr zusammen. Sie wollte partout in einem Stuhl sitzen. In dem schrecklichen braunen Ledersessel. Ihr Kopf sackte immer mehr nach unten. Ich richtete sie wieder auf, aber ihr Kopf sank immer tiefer. Diese stolze Frau, die sie war, wollte nicht mehr, sie wollte einfach verschwinden.

Mein Bruder war nach dem Tod meines Vaters ihr ständiger Begleiter. Viele Reisen haben sie gemeinsam unternommen. Ihre anderen Kinder störten eher. Mich hat sie wohl noch geliebt. Durch mich kam sie mit der Künstlerwelt zusammen. Sie war auf allen meinen Theaterpremieren. Sie flirtete bis ins hohe Alter mit Peymann, Zadek und Wilson. Alle mochten sie wegen ihrer direkten Art, auszusprechen, was ihr gefiel und was nicht.

Bei »Lulu« war sie über mein Aussehen begeistert. Tatsächlich hatte ich die schönsten Kostüme aus den schönsten Stoffen und Farben, mit vielen und blitzschnellen Kostümwechseln. Ein Kleid war schöner als das andere. Ich sah tatsächlich aus wie eine Schwester von Sarah Bernhardt. Wilson gab mir das schönste Licht, den besten Auftritt, von hinten langsam nach vorn bis an die Rampe. Jetzt, bei »Ödipus«, hat er mich wieder so ähnlich »eingesetzt«.

Ja, ich habe das Gefühl, ich werde »eingesetzt«. Ich habe nichts dagegen. Schließlich weiß ich ja, wer oder was ich bin. Es ist jedes Mal ein Abenteuer, mit ihm zu arbeiten. Nur muss man wissen, dass man ihm »dient«. Aber wem dient man nicht, wenn man in diesem Beruf arbeitet?

»Wir werden weitermachen«

Mein Kopf dröhnt von der Aufführung von Simon Stones »Griechischer Trilogie«. Es hat mich gequält. Es war zu lang.

Danach bin ich ins Deutsche Theater gegangen. Ich hatte einen Anruf bekommen. Und zugesagt. Plötzlich hatte ich eine solche Sehnsucht, Tschechow zu spielen. Am 9. November ist schon die Premiere von »Drei Schwestern« in der Regie von Karin Henkel. Ich spiele die Irina, die Jüngste der drei Schwestern, als alte Frau, die sich erinnert. Ich sage: »Irgendwann werden wir verschwinden. Man wird uns vergessen, unsere Gesichter, unsere Stimmen. Keiner wird mehr wissen, wer wir waren. Aber unser Leben ist noch nicht zu Ende. Wir werden weitermachen. Immer weiter. Und ich glaube, bald werden wir wissen, warum wir leben und warum das so wehtut. Man weiß es einfach nicht. Man weiß es einfach nicht.«

Diese Sätze gehen mir so nah. Viel näher als Schauspieler-Könnerei. Und darum habe ich mich entschieden, jetzt jeden Tag über die alte Fußgängerbrücke über die Spree am Bahnhof Friedrichstraße zu laufen, kurz nach oben zu schauen zu unserer alten Wohnung Schiffbauerdamm 8 und dann geradeaus in die Albrechtstraße am Bunker vorbei ins Deutsche Theater auf die Probe zu gehen.

Bildnachweis

© privat S. 6, 24, 30, 44, 49, 50, 51, 52, 53, 60, 66, 80, 88, 89, 94, 95, 96, 108, 109, 110, 111, 115, 116, 117, 126, 127, 173, 190, 191, 192, 193, 207, 208/9, 221, 231
© Andreas Neubauer S. 11
© Irene Hess S. 36
© ullsteinbild S. 40
© Euro-Video S. 64, 65
© Dieter Stér S. 69
© DIF/Sammlung Volker Schlöndorff S. 81
© Michael Schröter S. 93
© Roswitha Hecke S. 146, 147, 166, 167, 179, 180
© Berliner Ensemble S. 159, 199
© Cordula Treml S. 200
© Ann-Christin Rommen S. 212
© Lucie Jansch S. 213

MIX
Papier aus verantwortungsvollen Quellen
FSC® C083411

Verlag Kiepenheuer & Witsch, FSC® N001512

2. Auflage 2020

Umschlaggestaltung: Rudolf Linn, Köln
Umschlagmotiv: © privat
Gesetzt aus der Stempel Garamond
Satz: Buch-Werkstatt GmbH, Bad Aibling
Druck und Bindung: CPI books GmbH, Leck
ISBN 978-3-462-04823-0